Elisabeth Schwarz

BROTAUFSTRICHE & DIPS

köstlich, cremig, vegetarisch

Fotografie: Heinz-Josef Beckers

Inhalt

Unser täglich Butterbrot

Brot ist auf der ganzen Welt bekannt. Wie und womit man es ißt, unterscheidet sich allerdings von Nation zu Nation.

Vom Butterbrot zum Sandwich

Das belegte Brot ist eine deutsche Gewohnheit. So wird das erste Butterbrot im 14. Jahrhundert als Bestandteil eines Festmahls erwähnt. Die Sitte, es noch zusätzlich mit Käse zu belegen oder süß zu bestreichen, setzt sich in Deutschland im 17. Jahrhundert durch. Als unkomplizierte Mahlzeit, die man auch »nebenbei« verspeisen kann, wird das belegte Brot durch den leidenschaftlichen Kartenspieler Earl of Sandwich im 18. Jahrhundert populär. Er deckt das belegte Brot mit einer weiteren Brotscheibe ab und erfindet damit das Sandwich.

Im Industriezeitalter wird Brot zu einem Hauptnahrungsmittel, und seitdem bereiten die meisten von uns mindestens einmal am Tag ein Frühstücks-, ein Pausen- oder das Abendbrot zu. Kein Wunder, denn Schnitten und Stullen sind eine nahrhafte und praktische Mahlzeit: Die Kohlenhydrate im Getreide werden vom Körper langsam abgebaut und sättigen daher für lange Zeit. Um so schneller aber lassen sich Brote bestreichen und gleich aus der Hand essen oder für den späteren Hunger einpacken!

Von der Stulle zur Bruschetta

Natürlich ist ein Brot weit mehr als nur ein Magenfüller und schnelle Alltagskost. Fein herausgeputzt als Canapées sind Schnittchen und Häppchen eine Gaumenfreude und Augenweide auf dem Buffettisch. Ganz im Trend sind Crostini und Bruschette. Diese kleinen, üppig belegten Röstbrote werden als Vorspeise in vielen italienischen Restaurants serviert. Einen richtig großen Auftritt haben Brotaufstriche mit knusprigen Brötchen beim gemütlichen Sonntagsfrühstück.

Gute Ideen für Ihr Brot

Sicher stehen Sie auch manchmal ratlos vor dem Kühlschrank und fragen sich, was Sie aufs Brötchen streichen sollen. Dieses Buch bringt Abwechslung auf Ihr Brot. Mit wenig Aufwand lassen sich aus Früchten, Nüssen, Getreide, Gemüse, Milchprodukten und Hülsenfrüchten süße Cremes, köstliche Fruchtmuse, deftige und saftige Aufstriche herstellen, ohne daß Sie Stunden in der Küche zubringen müssen.

Auf natürliche Art genießen

Warum sich die Mühe machen, Brotaufstriche selbst herzustellen? Ganz einfach: Sie sind preiswerter als gekaufte, und Sie wissen immer, was drin ist. Statt künstlicher Aromen, Geschmacksverstärker und Farbstoffe sorgen sonnengereifte Gemüse, Früchte, frische Kräuter und Gewürze für guten Geschmack und farblichen Pepp. Ganz nach Geschmack können Sie Honig, Zucker, Ahornsirup oder andere Süßungsmittel verwenden. Kurze Garzeiten und schonende Verarbeitung frischer Produkte garantieren einen hohen Gehalt an Vitaminen und sekundären Pflanzenstoffen.

Es geht auch ohne/mit wenig Fett.

Zu Pürees verarbeitete Hülsenfrüchte, Kartoffeln oder Gemüse lassen sich von Natur aus gut aufstreichen, so daß auf hohe Fettzugaben verzichtet werden kann. Schmecken Sie die Masse raffiniert ab mit frischen Kräutern und Gewürzen und geben Sie etwas Butter, Nußmus oder Öl für eine geschmeidige Konsistenz dazu. So wird aus ihnen ein köstlicher und bekömmlicher Aufstrich. Für Feinkostsalate gibt es zur kalorienreichen Mayonnaise fettarme Alternativen wie Tofunaise und Salatcremes auf der Basis von Joghurt und saurer Sahne. Selbstgemachte Frischkäse aus Joghurt oder Magerquark helfen Kalorien sparen. Die Anleitung zu Frischkäse und Mayonnaisen sowie Varianten finden Sie auf den Seiten 51 und 67.

Reste sind Schätze

Reste können zu leckeren Aufstrichkreationen inspirieren. Bevor sie auf dem Brot ihr Comeback feiern können, müssen sie für die Aufstrichherstellung vorbereitet werden:

- **Frische Zutaten**

Mediterrane Gemüse (Auberginen, Zucchini) in Scheiben grillen oder braten und würfeln. Wässernde Gemüse (Gurken, Tomaten) entkernen, zerkleinern und Wasser ziehen lassen. Feste Gemüse (Möhren, Kohlrabi) schälen und raspeln.

- **Käse**

Schnittfesten Käse entrinden und reiben oder klein würfeln. Weiche Käse mit einer Gabel zerdrücken.

- **Gegartes**

Kartoffeln pellen und reiben. Gekochte Getreide, Hülsenfrüchte oder Gemüse mit etwas Flüssigkeit (z. B. Buttermilch, Joghurt, Gemüsesäfte) pürieren.
Zerkleinerte Zutaten mit Cremes (siehe hintere Umschlagklappe) zu streichfähigen Aufstrichen binden.

So süß!

Fruchtaufstriche und Schokomus

Roh gerührte Fruchtaufstriche schmecken nach purer Frucht und enthalten noch den Großteil ihrer Vitamine und bioaktiven Substanzen.

Roh gerührte Fruchtaufstriche

Sie sind – anders als herkömmliche gekochte Konfitüren – gekühlt nur einige Tage haltbar, also für den baldigen Verbrauch gedacht. Aber ihre Herstellung ist weder zeitraubend noch kompliziert, so daß Sie sich nach Lust und Laune jeden Tag eine andere Sorte Fruchtmus herstellen können. Im Prinzip werden die vorbereiteten Früchte lediglich püriert und nach Wunsch gesüßt. Damit sie nicht vom Brot tropfen, werden sie zusammen mit festfleischigen Früchten wie Bananen, Papaya und Mango oder mit Trockenfrüchten zermust. Übrigens können Sie auch tiefgekühlte Früchte für alle Aufstriche verwenden.

Honigfans können zermuste Früchte mit festen Blütenhonigsorten kalt binden. Dazu zwei Teile Honig mit drei Teilen pürierten Früchten mit dem Handrührer 10 – 15 Minuten lang verrühren, bis der Honig sich völlig aufgelöst hat. Der Fruchthonig ist 2 – 3 Wochen im Kühlschrank haltbar.

Früchte plus Butter

Eine köstliche Verbindung! Butter hebt den Fruchtgeschmack hervor und macht den Aufstrich super cremig. Weiche Butter wird mit dem Handrührer schaumig gerührt. Löffelweise wird dann gesüßtes Fruchtpüree untergezogen bis maximal zu einem Verhältnis von 1:1. Auch Apfelpektin (als Pulver ohne Zuckerzusatz im Reformhaus erhältlich) macht Fruchtmuse ohne Kochen streichfähig: Dazu 100 g Früchte, 1 Teelöffel Pektin, etwas Zitronensaft und 1 Eßlöffel Süßungsmittel Ihrer Wahl 1 Minute pürieren und 1 Stunde ausquellen lassen.

Pralinen auf dem Brot

Schokomus ist der große Favorit unter Süßschnäbeln und Leckermäulern. Es versüßt das Frühstück und ersetzt auch mal den Nachmittagskuchen. Die Grundzutaten Butter, Nüsse oder Nußmus und Kakaopulver werden ganz einfach zu einer Creme verrührt und nach Wunsch gesüßt. Variieren können Sie, indem Sie statt Kakaopulver geschmolzene Schokolade oder auch Carobpulver verwenden, den Aufstrich mit Vanille, Zimt oder abgeriebener Orangenschale würzen oder eingeweichte Trockenfrüchte mitverarbeiten.

Fruchtaufstriche kochen

Wenn Sie die Früchte zusammen mit Geliermitteln (siehe rechts) erhitzen und heiß in Twist-off-Gläser füllen (die genaue Beschreibung finden Sie in der vorderen Umschlagklappe), erhalten Sie streichfähige und haltbare Fruchtaufstriche. Hier übernehmen die praktischen Vakuumgläschen die Konservierung für ein halbes Jahr, auch bei geringem Zuckergehalt.

Sanft süßen

Der Vorteil, den die Verwendung von Pektin oder Agar-Agar im Gegensatz zu Gelierzucker bietet, liegt darin, daß Sie diese losen Geliermittel mit einem Süßungsmittel Ihrer Wahl kombinieren können. Sie können beliebig viel beziehungsweise wenig Süßungsmittel verwenden und damit den Kaloriengehalt und den Geschmack des Aufstrichs selbst bestimmen.

Als universale Süßungsmittel eignen sich außer herkömmlichem Haushaltszucker Akazienhonig und Agavendicksaft (Naturkostgeschäft). Ihr milder Geschmack paßt zu fast allem. Ihre Süßkraft übertrifft noch die von Zucker, der Kaloriengehalt von Agavendicksaft liegt trotzdem noch um etwa ein Viertel niedriger als der von Zucker. Ahornsirup und Vollrohrzucker (unter verschiedenen Produktnamen wie Rapadura, Mascobado und Sucanat erhältlich) schmecken je nach Sorte mild bis karamelartig. Wegen ihrer dunklen Farbe sollten sie nur mit roten, blauen oder schwarzen Beeren kombiniert werden. Helle Fruchtmuse werden dadurch dunkel gefärbt.

Geliermittel

Sie werden im Handel vielfältig angeboten:
Pektin wird aus Apfel- oder Zitronenschalen gewonnen und ist in Pulverform ohne chemische Zusätze im Reformhaus erhältlich. Konfigel (Bioladen) enthält außer Pektin noch Kartoffelstärke.
Agar-Agar (Bioladen) wird aus Meeresalgen hergestellt, ist sehr mineralstoffreich und eignet sich gut für schnittfeste Gelees.
Diese Geliermittel können Sie mit Süßungsmittel Ihrer Wahl kombinieren.
Gelierzucker besteht aus Zucker, Pektin und Zitronensäure, er süßt und geliert zugleich.
Opekta und Gelfix enthalten als Wirkstoff ebenfalls Pektin, aber auch weitere Zusatzstoffe wie Konservierungsmittel und Schaumverhüter.
Richten Sie sich am besten nach den Packungshinweisen, auch wenn Sie andere Geliermittel als im Rezept angegeben verwenden wollen.

Dattel-Nougat-Creme

Raffiniert • Im Bild

Zutaten für 4–6 Personen
75 g getrocknete Datteln • 75 ml heißer starker Kaffee (Ersatz siehe Tips) • 60 g Haselnüsse • 40 g weiche Butter • 2 Eßl. Vollrohrzucker • 1/4 Teel. gemahlene Vanille • 1 Eßl. Kakaopulver, schwach entölt

Zeit: etwa 35 Minuten
Bei 6 Personen pro Portion etwa: 165 kcal
Haltbar im Kühlschrank: 3–4 Tage

Die Datteln grob zerkleinern und etwa 30 Min. im Kaffee einweichen.

Inzwischen die Haselnüsse mahlen oder im Mixer ganz fein hacken. Das Nußmehl in einer trockenen Pfanne bei mittlerer Hitze unter häufigem Rühren hellbraun rösten, bis die Nüsse angenehm duften. Sofort aus der Pfanne nehmen.

Datteln mit Kaffee im Mixer glatt pürieren. Mit Nußmehl, Butter, Zucker, Vanille und Kakaopulver zu einer glatten Paste pürieren. Der Aufstrich paßt zu allen milden Brotsorten.

Tips

Für Kinder Datteln in Wasser oder Milch einweichen und stark entöltes Kakaopulver verwenden.
Für **Nougatschnitten** (siehe Bild) Butterkekse bestreichen und aufeinandersetzen. Mit einem Keks abdecken.

Haselnuß-Schoko-Creme

Preiswert • Schnell

Zutaten für 4–6 Personen
75 g Haselnüsse • 60 g weiche Butter • 2 Eßl. Agavendicksaft (Seite 9) • 1/2 Teel. gemahlene Vanille • 3 Eßl. Kakaopulver, stark entölt • Vollrohrzucker zum Abschmecken

Zeit: etwa 15 Minuten
Bei 6 Personen pro Portion etwa: 190 kcal
Haltbar im Kühlschrank: 4 Tage

Die Haselnüsse in einer Pfanne bei mittlerer Hitze unter Rühren rösten, bis die dunklen Häutchen aufreißen. Sofort herausnehmen und kurz abkühlen lassen. Dann die Nüsse zwischen den Händen reiben, um die Schalen zu entfernen. Nüsse mahlen oder im Mixer sehr fein hacken.

Nußmehl, Butter, Agavendicksaft und Vanille in eine Schüssel geben. Das Kakaopulver darüber sieben und alles gut verrühren. Mit Zucker abschmecken.

Tip

Blitzschnell geht es, wenn Sie statt der Nüsse Haselnußmus (Bioladen) verwenden. Nur so viel Butter dazugeben, bis die Creme geschmeidig wird.

TOSTADA

Feigen-Schoko-Creme

Raffiniert • Gelingt leicht

Zutaten für 4–6 Personen
1 unbehandelte Orange • 75 g getrocknete Feigen • 2 Eßl. Rosinen • 2–3 Eßl. Vollrohrzucker • 40 g weiche Butter • 1 gehäufter Eßl. Kakaopulver

Zeit: etwa 20 Minuten (+ 3 Stunden Quellzeit)
Bei 6 Personen pro Portion etwa: 120 kcal
Haltbar im Kühlschrank: 4 Tage

Die Orange heiß abwaschen und abtrocknen. Ein Viertel der Schale ohne das Weiße abreiben und zugedeckt aufbewahren. Den Saft auspressen und 80 ml abmessen. Die Feigen grob zerteilen und mit den Rosinen 3 Std. oder länger im Saft einweichen.

Die Früchte mit der Flüssigkeit glatt pürieren. Püree mit Orangenschale, 2 Eßl. Zucker und Butter mischen und das Kakaopulver darüber sieben. Alles verrühren und mit dem restlichen Zucker abschmecken. Die Creme schmeckt gut auf Vollkornbrot.

Tip

Die Einweichzeit entfällt, wenn Sie die Früchte im Orangensaft aufkochen und bei schwacher Hitze in 5–10 Min. weich garen.

Cashew-Pflaumenmus

Im Bild • Auch zum Nachmittagskaffee

Zutaten für 4–6 Personen
100 g getrocknete Pflaumen • 3 Eßl. Cashewnüsse • 100 ml Pflaumensaft (oder Wasser) • 2 Teel. Vollrohrzucker • Zitronensaft • gemahlene Vanille, Zimt- und Nelkenpulver zum Abschmecken

Zeit: etwa 5 Minuten (+ 3 Stunden Quellzeit)
Bei 6 Personen pro Portion etwa: 95 kcal
Haltbar im Kühlschrank: 1 Woche

Die Pflaumen grob zerkleinern. Mit den Cashewnüssen 3 Std. oder länger in Pflaumensaft einweichen.

Die Zutaten mit der Flüssigkeit und dem Zucker in einem Mixbecher zu einer Paste pürieren. Mit Zitronensaft, Vanille, Zimt und Nelken abschmecken. Das Mus paßt gut zu gebutterten Hafer-Dinkelbrötchen (Rezept Seite 93), aber auch mit Schlagsahne zu frisch gebackenen Waffeln.

Tip

Da Trockenfrüchte schon sehr viel Fruchtzucker enthalten, brauchen Sie nur wenig zu süßen.

Variante

Auf dieselbe Art, auch ohne Cashewnüsse, lassen sich Aufstriche aus getrockneten Aprikosen oder Feigen herstellen. Dazu etwa 5 Teile Früchte in 4 Teilen Saft oder Wasser einweichen und pürieren.

Pfirsichaufstrich mit Himbeeren

Schnell • Preiswert

Zutaten für 4–6 Personen

50 g Himbeeren • 1 Pfirsich (etwa 130 g) • 50 g Agavendicksaft (Seite 9, oder Akazienhonig) • 1 Eßl. Zitronensaft • 1 gestrichener Teel. Pektin (Seite 9)

Zeit: etwa 15 Minuten
Bei 6 Personen pro Portion etwa: 40 kcal
Haltbar im Kühlschrank: 1 Woche

Die Himbeeren vorsichtig waschen und abtropfen lassen.

Den Pfirsich schälen, halbieren und den Kern entfernen. Das Pfirsichfleisch grob zerkleinern und mit Agavendicksaft, Zitronensaft und Pektin glatt pürieren.

Die Pfirsichmasse in einen Topf füllen und unter Rühren aufkochen lassen. Die Himbeeren unter ständigem Rühren bei schwacher bis mittlerer Hitze 2–3 Min. mitkochen lassen. Den Aufstrich in ein Schälchen füllen und abkühlen lassen.

Tip

Wenn Sie den Aufstrich sofort in heiße, sterile Gläser füllen (vordere Umschlagklappe), hält er sich ungeöffnet etwa ein halbes Jahr.

Erdbeeraufstrich mit Papaya

Exotisch • Im Bild

Zutaten für 4–6 Personen

100 g Erdbeeren • 1 kleine Papaya (etwa 300 g) • 1 Spritzer Zitronensaft • 1 Teel. Vollrohrzucker • 1 Msp. gemahlene Vanille • Pfeffer, frisch gemahlen

Zeit: etwa 10 Minuten
Bei 6 Personen pro Portion etwa: 20 kcal
Sollte gleich gegessen werden

Die Erdbeeren waschen und abtropfen lassen. 1 Beere für die Dekoration beiseite legen. Die restlichen Beeren entkelchen und grob zerkleinern. Die Papaya längs halbieren und die Kerne mit einem Teelöffel herausnehmen. Das Fruchtfleisch mit einem Löffel aus der Schale schaben.

Beide Fruchtsorten mit dem Zitronensaft, Zucker, Vanille und 1 Prise Pfeffer in einen Mixbecher geben und glatt pürieren. Fruchtaufstrich abschmecken und in ein Schälchen füllen.

Variante

Erdbeer-Aprikosen-Aufstrich

Statt der Papaya 3 getrocknete Aprikosen zerkleinern und mit den übrigen Zutaten pürieren. Nach Belieben mit geriebenem frischem Ingwer oder feingehackter Zitronenmelisse verfeinern.

Johannisbeeraufstrich mit Mandeln

Im Bild • Schnell

Zutaten für 4–6 Personen
150 g rote Johannisbeeren • 80 g Ahornsirup • 1 Teel. Zitronensaft • 1 stark gehäufter Teel. Pektin (Seite 9) • 50 g Vollrohrzucker • 1 Eßl. geschälte gehackte Mandeln • 1 Eßl. Amaretto (ersatzweise 1/2 Teel. natürliches Bittermandelaroma)

Zeit: etwa 15 Minuten
Bei 6 Personen pro Portion etwa: 90 kcal
Haltbar im Kühlschrank: 1 Woche

Die Johannisbeeren waschen und abtropfen lassen. Die Beeren von den Stielen streifen.

Ahornsirup, Zitronensaft und Pektin glatt pürieren. Mit den Beeren und Zucker in einem Topf unter Rühren aufkochen lassen. Mandeln hinzufügen und bei schwacher bis mittlerer Hitze unter Rühren etwa 3 Min. kochen lassen. Amaretto unterrühren. Fruchtaufstrich in ein Schälchen füllen und abkühlen lassen. Sie können ihn in sterilen Twist-off-Gläsern haltbar machen (vordere Umschlagklappe).

Variante

Johannisbeer-Möhren-Aufstrich

50 g feingeraspelte Möhren mit den Beeren, der Pektinmischung und dem Zucker aufkochen und etwa 3 Min. unter Rühren kochen lassen. Anstatt mit Amaretto mit etwas gemahlener Vanille würzen.

Maronen-Zimt-Creme

Für Gäste • Etwas aufwendiger

Zutaten für 4–6 Personen
200 g frische Maronen (Eßkastanien) • 50 ml Milch • 4 Eßl. Akazienhonig • 30 g weiche Butter • Zimtpulver

Zeit: etwa 40 Minuten
Bei 6 Personen pro Portion etwa: 120 kcal
Haltbar im Kühlschrank: 4 Tage

Die Maronen am runden Ende zwei- bis dreimal einschneiden und mit Wasser bedeckt etwa 10 Min. kochen. Das Wasser abgießen und die Maronen noch heiß (am besten Handschuhe verwenden) mit einem kleinen Messer schälen, dabei auch die dunkle Innenhaut entfernen. Schadhafte Maronen aussortieren.

Die Maronen grob zerkleinern. Mit Milch bei schwacher Hitze unter gelegentlichem Rühren in etwa 10 Min. weich kochen. Eventuell etwas Wasser oder Milch nachgießen.

Maronen mit 2–3 Eßl. Kochflüssigkeit und dem Honig pürieren. Butter unterziehen und mit Zimt abschmecken.

Tip

Schneller geht's mit 150 g ungesüßtem Maronenpüree aus der Dose (Feinkostgeschäft).

Tropifrutti

Exotisch • Für Gäste

Zutaten für 4 – 6 Personen
1 reife Mango (etwa 300 g) • 1 Babyananas (ersatzweise 70 g Ananas aus der Dose) • 1 Passionsfrucht • 30 g Banane (etwa ein Drittel Stück) • etwas Zitronensaft • 1 Eßl. Zucker • 1 Eßl. dicke Kokosnußcreme (Asienladen) • 1 Msp. gemahlener Kardamom • 1 Prise Muskatnuß, frisch gerieben • Kokosraspel zum Garnieren

Zeit: etwa 20 Minuten
Bei 6 Personen pro Portion etwa: 45 kcal
Sollte gleich gegessen werden

Die Mango schälen und in Stücken vom Kern schneiden. Die Ananas ohne den Blattschopf vierteln. Fruchtfleisch von der Schale und der holzigen Mitte befreien und grob zerkleinern. Die Passionsfrucht halbieren. Die gallertartige Fruchtmasse herausschaben und durch ein Sieb streichen. Mango, Ananas und Passionsfruchtsaft mit Banane, Zitronensaft und Zucker glatt pürieren.

Die Kokoscreme unterrühren. Den Aufstrich mit Kardamom und Muskat abschmecken, in ein Schälchen füllen und mit Kokosraspeln garnieren. Dazu schmecken gebutterte Baguettes und Teebrötchen (Rezepte Seite 89).

Variante

Piña-Colada-Aufstrich

1 Teil Kokoscreme mit 2 – 4 Teilen Ananasstückchen, Agavendicksaft und Zitronensaft zu einer dicken Creme pürieren. Nach Belieben mit weißem Rum abschmecken.

Kumquataufstrich

Raffiniert • Im Bild

Zutaten für 4 – 6 Personen
1 Orange • 1 Zitrone • 2 Äpfel • 100 g Kumquats (etwa 12 Stück) • 120 g Akazienhonig • 1 Eßl. Cointreau (ersatzweise etwas natürliches Orangenaroma)

Zeit: etwa 20 Minuten
Bei 6 Personen pro Portion etwa: 110 kcal
Haltbar im Kühlschrank: 5 – 7 Tage

Orange und Zitrone auspressen und den Saft in einen Topf geben. Die Äpfel schälen und vierteln. Die Gehäuse entfernen und das Fruchtfleisch zerkleinern. Apfelstückchen mit dem Saft aufkochen und etwa 3 Min. bei mittlerer Hitze unter stetigem Rühren einkochen lassen. Mit einem Pürierstab glatt pürieren.

Kumquats heiß waschen und abtrocknen. Die Früchte samt Schale klein würfeln, dabei die Kerne entfernen. Kumquat und Honig zur Apfelmasse in den Topf geben und bei schwacher Hitze unter Rühren etwa 3 Min. kochen. Den Cointreau unterrühren. In ein Schälchen füllen und abkühlen lassen. Die Konfitüre schmeckt gut auf gebutterten Croissants, englischen Teebrötchen (Rezept Seite 89) sowie auf Vollkornbrot.

Variante

Statt Kumquats können Sie auch getrocknete Aprikosen und etwas kandierten Ingwer verwenden.

Apfel-Mandel-Aufstrich

Raffiniert • Etwas aufwendig

Zutaten für 4–6 Personen
40 g Mandeln • $1/2$ Zitrone • 3 Äpfel • 2 Eßl. Apfelsaft • 80 g Agavendicksaft (Seite 9) • 2 Stiele Estragon

Zeit: etwa 35 Minuten
Bei 6 Personen pro Portion etwa: 120 kcal
Haltbar im Kühlschrank: 4 Tage

Die Mandeln mit kochendem Wasser überbrühen und etwa 3 Min. ziehen lassen. Abgießen und aus der Haut drücken. Abgezogene Mandeln abtrocknen, dann mahlen oder im Mixer fein hacken.

Die Zitrone auspressen. Äpfel schälen und vierteln. Die Kerngehäuse entfernen und das Fruchtfleisch in Stückchen schneiden.

Zitronensaft, Apfelstückchen, Apfelsaft und Agavendicksaft in einen Topf geben und aufkochen lassen. Bei schwacher Hitze unter gelegentlichem Rühren in etwa 5 Min. weich kochen. In einem Mixbecher glatt pürieren.

Estragon waschen und trockenschütteln. Die Blättchen abzupfen und kleinschneiden. Zum Apfelmus geben, die Mandeln hinzufügen und alles vermischen.

Varianten

Statt Estragon geben auch frische Thymianblättchen, gehackte Zitronenmelisse oder einige frische oder getrocknete Lavendelblüten den Pfiff!

Paprikagelee

Raffiniert • Im Bild

Zutaten für 4–6 Personen
400 g rote Paprikaschoten • 2 Teel. Zitronensaft • 100 g Vollrohrzucker • $1/2$ Teel. Agar-Agar (Seite 9, Bioladen)

Zeit: etwa $1\,1/4$ Stunden (davon 1 Stunde Gelierzeit)
Bei 6 Personen pro Portion etwa: 75 kcal
Haltbar im Kühlschrank: 1 Woche

Die Paprika waschen, halbieren und putzen. Das Fruchtfleisch in einen elektrischen Entsafter geben und $1/4$ l Saft auffangen (wenn Sie keinen Entsafter haben: siehe Tips).

Paprikasaft, Zitronensaft und Zucker in einen Topf geben und Agar-Agar mit einem Schneebesen einrühren. Unter Rühren kurz aufkochen lassen.

Die Masse in ein Schälchen füllen und 1 Std. abkühlen lassen. (Die Masse geliert erst, wenn sie vollständig erkaltet ist.) Paprikagelee schmeckt gut mit Ziegenfrischkäse oder Camembert auf Vollkornbrötchen – wie auf dem Bild – oder auf geröstetem, gebuttertem Baguette (Rezept Seite 89).

Tips

Paprikasaft können Sie auch so herstellen: geputzte Schoten mit einem Sparschäler schälen, grob zerkleinern und mit einem Pürierstab glatt pürieren.
Das Gelee können Sie auch in Twist-off-Gläsern auf Vorrat halten (vordere Umschlagklappe).

Roh gerührter Erdbeeraufstrich

Gelingt leicht • Preiswert

Zutaten für 4 Personen
200 g Erdbeeren • 2 Eßl. Vollrohrzucker • 1 Eßl. Zitronensaft • 2 gestrichene Teel. Pektin (Seite 9) • gemahlene Vanille und Pfeffer nach Belieben

Zeit: etwa 1 1/4 Stunden (davon 1 Stunde Kühlzeit)
Pro Portion etwa: 40 kcal
Haltbar im Kühlschrank: 2–3 Tage

Die Erdbeeren waschen, entkelchen und grob zerkleinern. Mit Zucker, Zitronensaft, Pektin, Vanille und Pfeffer in einem Mixbecher in etwa 1 Min. glatt pürieren.

Zugedeckt 1 Std. im Kühlschrank ausquellen lassen.

Tips

Auf die gleiche Weise können Sie roh gerührte Fruchtpürees z. B. aus Himbeeren, Heidelbeeren und Sauerkirschen herstellen und mit gemahlener Vanille, Zimtpulver, gehackter Melisse oder Minze verfeinern. Statt Zucker können Sie auch Akazienhonig oder Agavendicksaft zum Süßen verwenden. Falls die Masse beim Pürieren nicht bindet, pürieren Sie etwas mehr Pektin unter.
Wichtig ist, daß Sie nur makellose Früchte verwenden, da sich sonst Fäulnisbakterien schnell ausbreiten können.

Walnußhonig mit Vanille

Im Bild • Schnell

Zutaten für 4 Personen
75 g Walnüsse • 100 g Kleehonig (oder Blütenhonig) • 1/2 Teel. gemahlene Vanille

Zeit: etwa 10–15 Minuten
Pro Portion etwa: 205 kcal
Haltbar im Kühlschrank: einige Wochen

Die Walnüsse in einer Nußmühle mahlen oder im Mixaufsatz fein hacken.

Das Nußmehl in einer Pfanne bei schwacher bis mittlerer Hitze unter Rühren 2–3 Min. hellbraun rösten.

Alle Zutaten gut miteinander verrühren. Den Honig in ein Glas mit Schraubverschluß füllen.

Varianten

Statt Walnüssen und Vanille können Sie auch folgende Zutaten mit Honig kombinieren:

- Haselnüsse und Zimtpulver
- Mandeln oder Sesam und 2 Eßl. weiche Butter
- Erdnüsse und etwas Currypulver

Tip

Für den Geschmack der Honigcreme ist die Qualität der Nüsse bedeutend. Gemahlene Nüsse aus der Tüte haben schon viel Aroma verloren. Mahlen Sie daher Nüsse immer erst vor Gebrauch.

Mangobutter

Im Bild • Für Gäste

Zutaten für 4 – 6 Personen
1/2 Mango (etwa 70 g ohne Kern) • 1 Teel. Zitronensaft • 1 – 2 Teel. Vollrohrpuderzucker (oder Akazienhonig) • 80 g weiche Süßrahmbutter • Muskatnuß, frisch gerieben • gehackte Pistazienkerne zum Garnieren

Zeit: etwa 15 Minuten
Bei 6 Personen pro Portion etwa: 55 kcal
Haltbar im Kühlschrank: 3 – 4 Tage

Mango schälen und grob zerkleinern. Mit Zitronensaft und Zucker in einem Mixbecher glatt pürieren.

Die Butter in einem schmalen Gefäß mit den Quirlen des Handrührgeräts in etwa 5 Min. auf höchster Stufe weiß und cremig rühren. Löffelweise Mangopüree unterrühren. Mit Muskat abschmecken.

Zum Anrichten in einen Spritzbeutel mit Sterntülle füllen und rosettenförmig aufdressieren. Mit Pistazien garnieren. Die Butter schmeckt hervorragend auf Croissants.

Varianten

Statt Mangopüree können Sie auch gesüßtes Erdbeer- oder Himbeerpüree unter die cremig gerührte Butter ziehen. Nach Belieben mit gemahlener Vanille würzen.

Tip

Alle Zutaten müssen Zimmertemperatur haben, da sonst Buttercremes gerinnen.

Orangen-Kürbis-Curry

Exotisch • Raffiniert

Zutaten für 4 – 6 Personen
etwa 300 g Kürbis • 75 ml Orangensaft • 80 g Vollrohrzucker • 1 Teel. unbehandelte abgeriebene Orangenschale • 1 Eßl. Zitronensaft • 1/4 Teel. Currypulver • 1 Msp. gemahlene Vanille

Zeit: etwa 25 Minuten
Bei 6 Personen pro Portion etwa: 70 kcal
Haltbar im Kühlschrank: 1 Woche

Den Kürbis von Schale, Kernen und Fasern befreien. Das Fruchtfleisch (etwa 250 g) in kleine Stücke schneiden. Mit Orangensaft und Zucker in einem Topf aufkochen lassen und bei schwacher Hitze unter gelegentlichem Rühren in etwa 10 Min. weich kochen.

Den Kürbis glatt pürieren und mit Orangenschale, Zitronensaft, Curry und Vanille aufkochen lassen. Bei schwacher Hitze etwa 1/2 Min. unter Rühren kochen. In ein Schälchen füllen und abkühlen lassen. Der Aufstrich schmeckt sehr gut auf gebutterten Vollkornbrötchen (Rezept Seite 87).

Tip

Verwenden Sie den aromatischen Hokkaidokürbis, der dem Aufstrich eine besonders schöne orange Farbe verleiht.

Gut gewürzt

Herzhafte Aufstriche

Ob aus Hülsenfrüchten, Getreide oder Gemüse – Brotaufstriche brauchen eine gute Menge an Gewürzen und Kräutern, damit es schmeckt.

Kräuter und Gewürze

Sie sind Lieferanten von natürlichen Aromastoffen und wichtige Geschmacksträger in der schlanken Küche. Durch ihre Würzkraft verwandeln sie schlichte Speisen in Delikatessen; größere Fettmengen als Geschmacksverbesserer werden nicht benötigt. Außerdem bringen ihre ätherischen Öle und andere biologische Wirkstoffe unseren Stoffwechsel auf Trab und fördern den Fluß von Verdauungssäften.

Ein intensives Aroma verströmen erntefrische Kräuter. Sie sind meistens nur unzureichend durch tiefgekühlte oder getrocknete Kräuter ersetzbar. Darum lohnt sich schon ein kleiner Blumentopf-Kräutergarten auf dem Fensterbrett.

Butter, Öl & Co.

Etwas Butter, ein wenig gutes Öl, ein Löffel süße oder saure Sahne machen Aufstriche cremig und streichfähig und unterstützen das Aroma.

Achten Sie bei Ölen, besonders in der kalten Küche, auf eine gute Qualität: Hochwertige »native« Öle enthalten reichlich essentielle Fettsäuren und bereichern die Speisen mit ihrem besonderen Aroma.

Stimmen Sie die Auswahl des Öls immer auf den Aufstrich ab. Während das relativ neutrale Sonnenblumenöl zu fast allem paßt und besonders für feine und mild schmeckende Cremes geeignet ist, verfeinert Olivenöl speziell Aufstriche aus den Zutaten, die in der Mittelmeerküche heimisch sind.

Tofu: Käse aus Sojabohnen

Tofu ist fettarm, reich an hochwertigem, rein pflanzlichem Eiweiß und cholesterinfrei. Er kann in den Aufstrichen Milchprodukte ersetzen und ist im Handel in weicher bis schnittfester Konsistenz erhältlich. In den Rezepten dieses Buches wird der mittelfeste verwendet. Wenn Sie schnittfesten Tofu verarbeiten, pürieren Sie ihn einfach in etwas mehr Flüssigkeit. Umgekehrt – wenn die Paste zu wäßrig ausfällt – rühren Sie mehr bindende Zutaten wie gekochte und geriebene Kartoffel oder gemahlene Nüsse unter die Tofumasse.

Tofu ist ein Frischprodukt und schmeckt je frischer desto besser. Älteren Tofu sollten Sie nur noch zum Kochen verwenden. Tofustücke kann man bedeckt mit Wasser (jeden Tag wechseln) einige Tage im Kühlschrank aufbewahren.

Hülsenfrüchte

Sie liefern in Kombination mit Getreide ein sehr gut vom Körper verwertbares Eiweiß. Für Menschen, die auf tierische Eiweiße verzichten wollen oder müssen, sind Pasten aus Hülsenfrüchten ideale Eiweißmahlzeiten. Linsen, Kichererbsen, Erbsen und Bohnen enthalten außerdem reichlich Ballaststoffe und Mineralstoffe, vor allem Kalium, Eisen, Phosphor und Magnesium. Dazu viele Kohlenhydrate, die langsam vom Körper abgebaut werden und daher lange sättigen.
Ein Teil dieser Kohlenhydrate verursacht die Verdauungsbeschwerden, die den Hülsenfrüchten einen schlechten Ruf eingebracht haben. Bohnen, Erbsen und Linsen werden bekömmlicher, wenn sie vor dem Kochen mehrere Stunden eingeweicht werden. Zum Kochen sollte dann frisches Wasser verwendet werden. Sie müssen so weich gekocht werden, daß man sie leicht zwischen zwei Fingern zerdrücken kann. Exakte Kochzeiten lassen sich nicht angeben, da die Kochdauer vom Alter und Qualität der Hülsenfrüchte abhängt.

Ebenfalls verbessern Kräuter und Gewürze wie Cumin, Chillie, Fenchel und Thymian die Bekömmlichkeit, auch Pürieren hilft.
Die kleinen roten Linsen sind geschält und daher von vornherein leicht verdaulich.
Wenn Ihnen Einweichen und Kochen zu umständlich sind, greifen Sie einfach auf die bereits gekochten Bohnen und Kichererbsen aus Dose oder Glas zurück.

Gewürze, die nicht jeder kennt

Harissa ist eine scharfe nordafrikanische Paste aus rotem Chillie, Knoblauch und Gewürzen. Sie bekommen es im orientalischen Spezialitätengeschäft.
Rosa Beeren (rosa Pfeffer) erinnern im Geschmack an Zitronen. Botanisch gesehen gehört die Beerenart allerdings nicht zur Pfefferfamilie.
Koriander ist als Samen ganz oder gemahlen erhältlich. Das frische Grün gibt es in Asienläden.
Kurkuma (Gelbwurz) ist ein wichtiger Bestandteil des Currypulvers und macht Speisen schön gelb. Es schmeckt etwas bitter, daher nur in kleinen Mengen verwenden.
Exotische Gewürze können Sie in größeren Supermärkten oder in türkischen oder asiatischen Läden kaufen. Besonders aromatisch schmecken Gewürze, wenn sie erst bei Bedarf, z. B. im Mörser, zerkleinert werden.

Linsen-Apfel-Aufstrich

Raffiniert • Gelingt leicht

Zutaten für 4 – 6 Personen
50 g rote Linsen • 100 ml Apfelsaft • 2 Eßl. Pinienkerne • 1 Apfel • 2 Teel. Butter • 2 Teel. frischer Thymian • Salz • Pfeffer, frisch gemahlen

Zeit: etwa 30 Minuten
Bei 6 Personen pro Portion etwa: 70 kcal
Haltbar im Kühlschrank: 4 – 5 Tage

Die Linsen mit dem Apfelsaft aufkochen lassen. Zugedeckt bei schwacher Hitze etwa 15 Min. garen, bis sich am Topfboden eine dunkle, karamelartige Schicht gebildet hat. Linsen mit 100 ml Wasser vom Topfboden durch Rühren lösen und erneut aufkochen lassen. Bei schwacher Hitze das Wasser in etwa 10 Min. verkochen lassen.

Inzwischen die Pinienkerne in einer Pfanne bei mittlerer Hitze unter Wenden hellbraun rösten, dann herausnehmen. Den Apfel schälen, vierteln, vom Kerngehäuse befreien und zerkleinern. Die Butter in der Pfanne erhitzen und den Apfel darin bei mittlerer Hitze in 3 – 4 Min. unter gelegentlichem Rühren braten.

Apfel, die Hälfte der Pinienkerne und die Linsen cremig pürieren. 1 Teel. Thymian unterrühren und mit Salz und Pfeffer abschmecken. Den Aufstrich mit den restlichen Pinienkernen und Thymian garnieren.

Hot Beans

Im Bild • Spezialität aus Mexiko

Zutaten für 4 – 6 Personen
1 rote Paprikaschote (etwa 250 g) • 1 Eßl. Öl • 200 g Kidneybohnen (aus der Dose) • 1 Teel. Agavendicksaft (Seite 9) • Salz • etwas Zitronensaft • 1 – 2 Teel. Harissa (orientalisches Lebensmittelgeschäft; oder Chilisauce) • 1/2 Teel. Paprikapulver edelsüß • 1/4 Teel. Oregano • 1/4 Teel. gemahlener Koriander • 1/4 Teel. Cumin • frische Korianderblättchen zum Garnieren

Zeit: etwa 20 Minuten
Bei 6 Personen pro Portion etwa: 50 kcal
Haltbar im Kühlschrank: 5 Tage

Die Paprika vierteln, putzen und mit einem Sparschäler schälen. Das Fleisch grob zerkleinern.

Das Öl in einer Pfanne erhitzen und die Paprika darin bei schwacher Hitze unter gelegentlichem Wenden in etwa 10 Min. weich braten.

Inzwischen die Bohnen abtropfen lassen. Mit der gebratenen Paprika und dem Agavendicksaft in einem Mixbecher pürieren. Die Masse mit den Würzzutaten würzen und abschmecken.

Aufstrich etwas durchziehen lassen und vor dem Servieren noch einmal durchrühren. Mit Korianderblättchen garnieren. Der Aufstrich schmeckt auf dunklem wie auf hellem Brot und paßt als Dip zu Omelettes, Nachos und Gebratenem.

Erbsen-Kräuter-Pâté

Schnell • Gelingt leicht

Zutaten für 4 – 6 Personen
1 Zwiebel (etwa 75 g) • 50 g Butter • 220 g tiefgekühlte Erbsen • 3 – 4 Eßl. Sahne • je 2 Eßl. Schnittlauch, Petersilie und Dill, frisch geschnitten und gehackt • 1 Teel. gehacktes Estragon • Salz • Pfeffer, frisch gemahlen • Zitronensaft

Zeit: etwa 15 Minuten
Bei 6 Personen pro Portion etwa: 110 kcal
Haltbar im Kühlschrank: 2 Tage

Die Zwiebel schälen und würfeln. Butter in einer Pfanne erhitzen und die Zwiebel darin bei schwacher Hitze unter gelegentlichem Rühren in etwa 5 Min. glasig braten. Die Erbsen 3 – 4 Min. mitbraten, bis sie weich sind.

Die Erbsen glatt pürieren. Dabei soviel Sahne dazugeben, daß die Masse streichfähig wird.

Die Kräuter unter das Erbsenpüree mischen und mit Salz, Pfeffer und Zitronensaft abschmecken. Etwas durchziehen lassen und vor dem Servieren noch einmal umrühren. Dazu passen Dinkelbrötchen mit Hafer (Rezept Seite 93) und geröstetes Bauernbrot.

Variante

Erbsen-Minz-Pâté

Statt der Kräuter gehackte frische Minze unter das Püree ziehen und mit Knoblauch und etwas Joghurt abschmecken.

Kichernde Tomate

Im Bild • Braucht etwas Zeit

Zutaten für 4 – 6 Personen
50 g Kichererbsen • 4 Strauchtomaten (ersatzweise 4 Dosentomaten) • 1 Eßl. Olivenöl • 1 Teel. frischer Thymian, gehackt • 1/2 Teel. frisches Rosmarin, gehackt (ersatzweise Petersilie) • 2 Eßl. Tomatenmark • 1/2 Teel. Harissa (orientalisches Spezialitätengeschäft) • Kräutersalz • Zitronensaft, frisch gepreßt • Pimentpulver

Zeit: etwa 1 Stunde (+ 8 Stunden Quellzeit)
Bei 6 Personen pro Portion etwa: 45 kcal
Haltbar im Kühlschrank: 4 Tage

Die Kichererbsen mindestens 8 Std. in Wasser einweichen.

Die Kichererbsen abgießen und in etwa 300 ml Wasser aufkochen lassen. Bei schwacher Hitze zugedeckt in etwa 45 Min. weich garen.

Gleichzeitig die Tomaten mit einem Sparschäler schälen. Früchte vierteln, entkernen und zerkleinern. In einer Pfanne das Olivenöl erhitzen und die Tomaten bei mittlerer Hitze in 2 – 3 Min. etwas einkochen lassen. Dabei gelegentlich umrühren.

Kichererbsen abgießen und abtropfen lassen. Mit den Tomaten glatt pürieren. Kräuter, Tomatenmark und Harissa unterrühren und mit Kräutersalz, Zitronensaft und Piment abschmecken. Der Aufstrich schmeckt gut auf Pittabrot (Rezept Seite 90).

Auberginencreme mit Walnüssen

Spezialität aus dem Mittelmeerraum • Im Bild

Zutaten für 4 Personen
2 Auberginen (etwa 500 g) • 1 Knoblauchzehe • 30 g Walnußkerne • 2 Eßl. Olivenöl • 2 Eßl. Dill, frisch geschnitten • Salz • Pfeffer, frisch gemahlen • frisch gepreßter Zitronensaft

Zeit: etwa 1 1/4 Stunden (davon 45 Minuten Backzeit)
Pro Portion etwa: 110 kcal
Haltbar im Kühlschrank: 3 Tage

Die Auberginen rundum mit einer Gabel einstechen und auf dem Gitter im Backofen (Mitte) bei 200° (Umluft 180°) etwa 45 Min. backen, bis die Haut schwarz-braun wird. Herausnehmen und etwas abkühlen lassen.

Knoblauch schälen und hacken. Walnüsse fein hacken.

Auberginen aufschneiden, das Fruchtfleisch herauslöffeln, abtropfen lassen und zerkleinern. In einer Pfanne Olivenöl erhitzen und das Auberginenfleisch mit dem Knoblauch bei mittlerer Hitze unter Rühren in 5–10 Min. um etwa ein Drittel einkochen lassen. Dann glatt pürieren. Dill und Walnüsse unterrühren und die Paste mit Salz, Pfeffer und Zitronensaft abschmecken. Zu Pittabrot servieren (Rezept Seite 90).

Varianten

Auch Petersilie und Mandeln oder Minze und Pinienkerne schmecken in der Auberginencreme.

Hummus

Orientalisch • Aus Kichererbsen

Zutaten für 4 Personen
100 g Kichererbsen • 1 Eßl. Tahin (Bioladen) • 2 Eßl. Zitronensaft • 1 Teel. Cumin • 1 Knoblauchzehe • Salz • Pfeffer, frisch gemahlen • 1 Eßl. Olivenöl • scharfes Paprikapulver zum Garnieren

Zeit: etwa 1 1/4 Stunden (+ 8 Stunden Quellzeit)
Pro Portion etwa: 115 kcal
Haltbar im Kühlschrank: 4 Tage

Die Kichererbsen 8 Std. oder über Nacht in Wasser einweichen. In frischem Wasser aufkochen und zugedeckt bei schwacher Hitze in etwa 1 Std. weich kochen lassen. Dann die Kichererbsen abgießen, dabei 100 ml Kochwasser auffangen.

Kichererbsen, Tahin, Zitronensaft, Cumin und 50 ml Flüssigkeit in einen Mixbecher geben. Knoblauch schälen und dazupressen. Die Masse pürieren und dabei noch Kochwasser dazugeben, bis sie cremig wird.

Hummus mit Salz und Pfeffer abschmecken. In einer flachen Schüssel anrichten. Das Olivenöl darüber träufeln, mit Paprika bestreuen und sofort mit Fladenbrot (Rezept Seite 90) servieren.

Tip

Wer die lange Zubereitungzeit scheut, nimmt 200 g abgetropfte Kichererbsen aus der Dose und püriert sie mit etwas Gemüsebrühe und den übrigen Zutaten.

Kartoffel-Knoblauch-Püree

Spezialität aus Griechenland • Preiswert

Zutaten für 4 Personen
800 g festkochende Kartoffeln • 50 g Mandeln • 100 ml Olivenöl • 2 Eßl. Weißweinessig • 10 Knoblauchzehen • 70 ml Gemüsebrühe • Salz • Pfeffer, frisch gemahlen • schwarze griechische Oliven zum Garnieren

Zeit: etwa 45 Minuten
Pro Portion etwa: 330 kcal
Haltbar im Kühlschrank: 3 – 4 Tage

Die Kartoffeln in der Schale in Wasser weich garen. Abgießen, kalt abschrecken, abtropfen und etwas abkühlen lassen. Kartoffeln pellen und noch warm durch eine Kartoffelpresse drücken oder durch ein Sieb streichen.

Die Mandeln im Blitzhacker oder Mixer hacken. Olivenöl und Essig in einer Schüssel mischen. Knoblauch schälen und dazupressen. Kartoffeln und Mandeln untermengen. Gemüsebrühe unterrühren, bis die Masse cremig ist. Mit Salz und Pfeffer abschmecken. Zum Anrichten auf einen flachen Teller geben, mit Oliven garnieren und Pittabrot (Rezept Seite 90) dazu reichen.

Tip

Kaufen Sie gefüllte Weinblätter, Oliven, Peperoni, Schafkäse, Fladenbrot und eingelegte Meeresfrüchte dazu. Richten Sie alles schön an – fertig ist ein kleines griechisches Gastmahl.

Bohnencreme mit Artischocken

Im Bild • Schnell

Zutaten für 4 Personen
200 g weiße gegarte Bohnen (aus der Dose) • 200 g Artischockenherzen, in Öl eingelegt • 1 Knoblauchzehe • 40 g weiche Butter • Salz • Pfeffer, frisch gemahlen • Zitronensaft • 1 Tomate zum Garnieren

Zeit: etwa 15 Minuten
Pro Portion etwa: 140 kcal
Haltbar im Kühlschrank: 3 Tage

Die abgetropften Bohnen durch ein Sieb streichen, um die Häutchen zu entfernen. Artischockenherzen abtropfen lassen und grob zerkleinern. Knoblauch schälen und zerkleinern.

Die Artischocken mit dem Bohnenmus, Butter und Knoblauch pürieren. Mit Salz, Pfeffer und Zitronensaft abschmecken und in ein Schälchen füllen. Tomate schälen, vierteln und entkernen. In kleine Würfel schneiden und damit die Creme garnieren. Sie schmeckt gut auf Baguette (Rezept Seite 89) und Ciabattabrot.

Variante

Bohnen-Rucola-Püree
Statt der Artischocken $1/2$ Bund Rucola und etwas frisches Basilikum mit den übrigen Zutaten pürieren.

Tofu-Kräuter-Creme

Schnell • Gelingt leicht

Zutaten für 4 Personen
einige Spinatblätter nach Belieben • 1 Eßl. Sahne (oder neutrales Öl) • 3 Eßl. Apfelsaft • 1 Teel. Sojasauce • je 2 Eßl. Petersilie, Schnittlauch, Dill und Kerbel, frisch geschnitten • 100 g Tofu • 1 kleine gekochte Kartoffel (etwa 40 g; Tip Seite 53) • 1 Teel. Hefeflocken • Salz • Pfeffer, frisch gemahlen • frisch gepreßter Zitronensaft

Zeit: etwa 10 Minuten
Pro Portion etwa: 50 kcal
Haltbar im Kühlschrank: 2 Tage

Die Spinatblätter waschen und ohne die Stiele grob hacken. Mit Sahne, Apfelsaft, Sojasauce und der Hälfte der Kräuter in einem Mixbecher pürieren. Den Tofu zerkrümeln. Nach und nach mitpürieren. Die Creme sollte nicht zu fest werden, eventuell nicht alle Tofukrümel dazugeben.

Die Kartoffel schälen und auf einer Gemüsereibe fein reiben. Mit den Hefeflocken unter die Tofu-Kräuter-Creme rühren. Mit Salz, Pfeffer und Zitronensaft abschmecken. In ein Schälchen füllen und mit den restlichen Kräutern garnieren. Zu Vollkornbrötchen (Rezept Seite 87) oder Baguette (Rezept Seite 89) reichen.

Basilikum-Tofu-Mousse

Für Gäste • Im Bild

Zutaten für 4 Personen
3 Eßl. Kürbiskerne • 1 Bund Basilikum • 2 Eßl. Olivenöl • 1 Eßl. Zitronensaft • 100 g Tofu • 1 Eßl. Parmesan, frisch gerieben • Salz • Pfeffer, frisch gemahlen

Zeit: etwa 15 Minuten
Pro Portion etwa: 125 kcal
Haltbar im Kühlschrank: 1 – 2 Tage

Die Kürbiskerne mittelfein hacken. Basilikum waschen und trockenschwenken. Die Blätter grob hacken (einige zum Garnieren beiseite legen).

Olivenöl, Zitronensaft und Basilikum glatt pürieren. Tofu zerkrümeln. Nach und nach mit den anderen Zutaten zu einer standfesten Creme pürieren.

Den Parmesan und 1 Eßl. Kürbiskerne unter die Tofucreme rühren. Mit Salz und Pfeffer abschmecken. Mit feuchten Eßlöffeln Nocken abstechen und auf Tellern verteilen. Mit Basilikumblättchen und den restlichen Kürbiskernen garnieren.

Variante
Für eine Schafkäsemousse cremigen Feta verwenden.

Tip
Mit der Creme können Sie auch selbstgemachte Raviolis oder ausgehöhlte Tomaten füllen.

Paprika-Tofu-Aufstrich

Für Gäste • Preiswert

Zutaten für 4 Personen
1 rote Paprikaschote • 1 Eßl. Olivenöl • 100 g Tofu • 2 Teel. Zitronensaft • 2–3 Eßl. gemahlene geschälte Mandeln • Kräutersalz • Pfeffer, frisch gemahlen

Zeit: etwa 20 Minuten
Pro Portion etwa: 75 kcal
Sollte gleich gegessen werden

Die Paprika vierteln, putzen, mit einem Sparschäler schälen und grob zerkleinern.

In einer Pfanne das Olivenöl erhitzen und die Paprika darin bei schwacher Hitze unter gelegentlichem Rühren in etwa 10 Min. weich braten.

Den Tofu zerkrümeln. Mit der Paprika und dem Zitronensaft in einem Mixbecher glatt pürieren. Das Mandelmehl nach und nach unterrühren, bis die Masse fest wird. Mit Kräutersalz und Pfeffer abschmecken. Als Unterlage passen geröstetes Ciabattabrot und Vollkornbrötchen (Rezept Seite 87).

Tip
Für größere Mengen geputzte Paprikaschoten mit der Haut nach oben auf ein Backblech legen und im Backofen bei 200° (Umluft 180°) 15–20 Min. backen, bis die Haut dunkle Blasen wirft. Anschließend häuten.

Grüne Paste

Im Bild • Deftig

Zutaten für 4 Personen
1 Ei • 3 Eßl. geröstete und gesalzene Pistazien (40 g) • je 1 Bund Schnittlauch, Petersilie und Dill • 1 Zweig Minze • 50 ml Olivenöl • 1 Eßl. Weißweinessig • 1 Teel. Dijonsenf • Kräutersalz • Pfeffer, frisch gemahlen

Zeit: etwa 20 Minuten
Pro Portion etwa: 120 kcal
Haltbar im Kühlschrank: 2–3 Tage

Das Ei 10 Min. in Wasser hart kochen, abschrecken und schälen. Die Pistazien schälen, im Mixer fein hacken. Kräuter waschen und in einer Salatschleuder trocknen. Schnittlauch in Stücke schneiden, die übrigen Kräuter von den Stengeln befreien und das Grün grob hacken.

Die Kräuter, Olivenöl, Essig und Senf im Mixbecher pürieren.

Das Ei halbieren, das Eigelb herausnehmen und durch ein Sieb streichen. Das Eiweiß sehr klein würfeln.

Das Kräutermus mit den Pistazien, Eigelb und Eiweiß vermischen und mit Kräutersalz und Pfeffer abschmekken. Lecker auf kräftigen Brotsorten, zu Käsebrot und als Sandwichpaste.

Tip
Probieren Sie die Paste mal als Dip zu Kartoffeln, gedünstetem Kohlrabi, Blumenkohl oder Broccoli (je nach gewünschter Konsistenz mit Olivenöl verdünnt).

Kapernade

Deftig • Im Bild

Zutaten für 4 Personen
40 g Kapern • 100 g entsteinte grüne Oliven • 2 Eßl. Olivenöl • 1 Teel. Senf • 1 Teel. Sojasauce • 1 Zweig Thymian • 1 Bund Dill • 1 gekochte Kartoffel (etwa 50 g; Tip Seite 53) • 3 Eßl. Hefeflocken • Salz • Pfeffer, frisch gemahlen

Zubeitungszeit: etwa 10 Minuten
Pro Portion etwa: 95 kcal
Haltbar im Kühlschrank: 4 Tage

Kapern und Oliven in einem Sieb abtropfen lassen. Sauer eingelegte Früchte kurz mit Wasser abspülen und abtropfen lassen. Beide Zutaten mit Olivenöl, Senf und Sojasauce in einem Mixbecher pürieren.

Thymian und Dill waschen und trockenschwenken. Blättchen und Spitzen abzupfen und fein zerkleinern. Die Kartoffel schälen und auf einer Gemüsereibe fein reiben.

Hefeflocken, Kräuter und Kartoffel mit der Kapern-Olivenpaste vermischen und mit Salz und Pfeffer abschmecken. In ein Steinguttöpfchen füllen. Zum Bestreichen eignen sich geröstetes und mit einer Knoblauchzehe eingeriebenes Bauernbrot oder gebutterte Roggenbrötchen (Rezept Seite 87). Nach Belieben zusätzlich mit hartgekochten Eiern in Scheiben belegen.

Steinpilzpaste

Für Gäste • Exklusiv

Zutaten für 4 Personen
20 g getrocknete Steinpilze • 200 g Champignons • 1 kleine Zwiebel (etwa 50 g) • 2 Eßl. Butter • Salz • Pfeffer, frisch gemahlen • $^1/_2$ Eßl. Cognac nach Belieben • 2 Eßl. Hefeflocken • 1 Prise Pimentpulver • 1 Prise Currypulver • $^1/_2$ Teel. Sojasauce • 2 Teel. Petersilie, frisch gehackt

Zeit: etwa 25 Minuten (+ 1 Stunde Einweichzeit)
Pro Portion etwa: 65 kcal
Haltbar im Kühlschrank: 3 Tage

Steinpilze in warmem Wasser etwa 1 Std. einweichen.

Champignons putzen und würfeln. Zwiebel schälen und zerkleinern. Steinpilze durch ein Sieb abgießen. Die Flüssigkeit dabei auffangen und durch einen Filter gießen. Die Steinpilze fein würfeln.

In einer Pfanne 1 $^1/_2$ Eßl. Butter erhitzen. Darin die Zwiebel bei mittlerer Hitze glasig braten. Die Champignons und zwei Drittel der Steinpilze zufügen. Salzen, pfeffern und 3 – 4 Min. braten. Mit Cognac ablöschen.

Die Pilzmasse mit 2 Eßl. Einweichflüssigkeit pürieren. Hefeflocken, Piment, Curry und Sojasauce unterrühren.

In der Pfanne die restliche Butter erhitzen und die übrigen Steinpilze bei mittlerer Hitze 1 – 2 Min. anbraten. Mit der Petersilie unter die Paste rühren und mit Salz und Pfeffer abschmecken.

Curry-Ananas

Exotisch • Im Bild

Zutaten für 4 Personen
150 g Kartoffeln • 1 Apfel • 1/2 kleine Zwiebel (etwa 25 g) • 1/2 Teel. schwarze Senfkörner • 20 g Butter • 1 Teel. Currypulver • 2 Eßl. Kokosmilch (oder Sahne) • 1 Teel. Sojasauce • 30 g Ananasfleisch (frisch oder aus der Dose) • Salz • Tabascosauce • Zitronensaft • Akazienhonig

Zeit: etwa 35 Minuten
Pro Portion etwa: 80 kcal
Haltbar im Kühlschrank: 4 Tage

Die Kartoffeln in der Schale in wenig Wasser weich garen.

In der Zwischenzeit Apfel und Zwiebel schälen. Den Apfel vierteln, vom Gehäuse befreien und mit der Zwiebel zerkleinern.

In einer Pfanne die Senfkörner bei starker Hitze unter Rühren kurz rösten, bis sie hochspringen. Pfanne sofort von der Kochstelle nehmen, die Butter dazugeben und schmelzen lassen. Apfel und Zwiebel darin bei schwacher Hitze in etwa 5 Min. weich braten. Mit Curry bestäuben, mit der Kokosmilch und Sojasauce ablöschen und etwas eindampfen lassen.

Die Kartoffeln schälen und reiben. Ananas in Stücke schneiden. Den Inhalt der Pfanne mit den Ananasstücken im Mixer glatt pürieren. Die Kartoffelmasse unterrühren, salzen und mit Tabasco, Zitronensaft und Honig abschmecken.

Joghurt-Zitronen-Creme

Preiswert • Gelingt leicht

Zutaten für 4 Personen
40 g Naturreis • Kräutersalz • 125 g Joghurt (3,5 %) • 1 Eßl. weiche Butter • 1 Bund Thymian • 1 Teel. gefriergetrocknete rosa Beeren (roter Pfeffer) • Saft und Schale von 1/2 unbehandelte Zitrone

Zeit: etwa 55 Minuten
Pro Portion etwa: 110 kcal
Haltbar im Kühlschrank: 2–3 Tage

Den Reis in 100 ml Salzwasser aufkochen lassen und zugedeckt bei schwacher Hitze etwa 45 Min. garen. Dann abkühlen lassen.

Reis, Joghurt und Butter zu einer glatten Creme pürieren.

Thymian waschen und trockenschütteln. Die Blättchen von den Zweigen streifen. Rosa Beeren zerdrücken. Etwas Thymian und rosa Beeren zum Garnieren zur Seite legen.

Zitronenschale, -saft und Thymian mit der Joghurtcreme vermischen. Creme mit rosa Beeren und Kräutersalz abschmecken. In ein Schälchen füllen und mit den restlichen rosa Beeren und Thymian bestreuen.

Varianten

Für den Aufstrich können gut gekochte Getreidereste verarbeitet werden, z. B. Hirse, Weizen, alle Reissorten oder Quinoa.

Grünkernaufstrich

Deftig • Gelingt leicht

Zutaten für 4 Personen
1 Teel. gekörnte Gemüsebrühe • 1 Lorbeerblatt • 50 g Grünkern, fein geschrotet • 1 Zwiebel • 40 g Butterschmalz • 1 Eßl. Sojasauce • 100 g Kichererbsen (aus der Dose) • 1/4 Teel. gemahlener Cumin (oder Kümmel) • 1/4 Teel. getrockneter Majoran • 1/2 Teel. getrockneter Thymian • Salz • Pfeffer, frisch gemahlen

Zeit: etwa 35 Minuten
Pro Portion etwa: 160 kcal
Haltbar im Kühlschrank: 5 Tage

120 ml Wasser mit der Gemüsebrühe und dem Lorbeerblatt zum Kochen bringen und Grünkernschrot einstreuen. Bei schwacher Hitze etwa 3 Min. unter Rühren kochen. Von der Kochstelle nehmen und zugedeckt etwa 20 Min. ausquellen lassen. Lorbeerblatt entfernen.

Inzwischen die Zwiebel schälen und würfeln. Butterschmalz erhitzen. Die Zwiebel bei mittlerer Hitze etwa 3 Min. unter gelegentlichem Rühren braten und etwas bräunen. Mit Sojasauce ablöschen, vom Herd nehmen.

Kichererbsen abtropfen lassen. Grünkern, Kichererbsen und Zwiebel in einem Mixbecher pürieren. Falls die Masse zu fest ist, löffelweise Wasser unterpürieren. Mit Cumin, Majoran und Thymian würzen und mit Salz und Pfeffer abschmecken. Der Aufstrich schmeckt gut mit scharfem Senf und Gürkchen auf kräftigem Vollkornbrot und geröstetem Baguette (Seite 89).

Griebenschmelz mit Zwiebeln

Deftig • Im Bild

Zutaten für 4 Personen
125 g Zwiebeln • 125 g weiche Butter • 1 Eßl. geschroteter Weizen • 100 ml Apfelsaft • 1 Teel. Sojasauce • Majoran • Salz • Pfeffer, frisch gemahlen

Zeit: etwa 25 Minuten
Pro Portion etwa: 260 kcal
Haltbar im Kühlschrank: 1 Woche

Zwiebeln schälen und klein würfeln. 1 Eßl. Butter in einer Pfanne erhitzen. Die Zwiebeln darin bei schwacher Hitze in etwa 10 Min. hellbraun braten. Dabei ab und zu umrühren.

Weizenschrot etwa 3 Min. unter Rühren mitrösten. Mit Apfelsaft ablöschen. Bei mittlerer Hitze den Saft in etwa 5 Min. eindampfen lassen.

Die Hälfte des Weizens und die restliche Butter in einem Mixbecher glatt pürieren. Die andere Hälfte des Weizens und die Sojasauce unterrühren. Etwas Majoran zwischen den Fingern reiben und den Aufstrich damit würzen. Mit Salz und Pfeffer abschmecken. Das Schmelz paßt gut zu kräftigem Vollkornbrot.

...Cheeeese!

Käsecremes

Käse und Brot sind zusammen mit Butter ein fast unschlagbares Trio, nur die Kombination mit knackigem Gemüse und frischen Kräutern übertrumpft es noch.

Was heißt eigentlich F. i. Tr.?

Diese geheimnisvolle Formel, die jedes Käseetikett ziert, bedeutet schlicht: Fett in Trockenmasse. Diese bleibt übrig, wenn der Käse im Verlauf seines Reifungsprozesses Wasser verliert und ist somit ein konstanter Wert, um verläßlich den Fettgehalt zu berechnen. So hat ein Camembert mit 60 % F. i. Tr. einen Gesamtfettgehalt von etwa 33 %.

Die Grundlagen für Käsecremes

Sie können Käsecremes aus weichem und hartem Käse herstellen. Weiche Käse werden mit einer Gabel zu einer cremigen Masse zerdrückt, feste Käse werden geraspelt. Das Ganze wird mit einem cremigen Milchprodukt vermischt und damit zu einer streichfähigen Masse gebunden. Quark, saure Sahne, Crème fraîche und Doppelrahm-Frischkäse sorgen für eine frisch-säuerliche Geschmacksnote. Ricotta, geschlagene süße Sahne, Crème double und Mascarpone sind ihre milden, eher süßlich schmeckenden Pendants. Butter ist neutral.

Nach Belieben wird die Käsemasse mit gewürfeltem oder püriertem Gemüse, frischen Kräutern, Gewürzen, Nüssen, Obst oder anderen würzigen Zutaten wie Oliven, Kapern oder getrockneten Tomaten aromatisiert.

Neues für Ihr Käsebrot

Ziegenfrischkäse: Er wird ganz oder teilweise aus Ziegenmilch hergestellt und ist eine köstliche Alternative zum herkömmlichen Kuhfrischkäse oder Quark. Er ist, wie alle Frischkäse, für den baldigen Verbrauch bestimmt. Länger haltbar ist die gereifte Ziegenkäserolle mit weißem Schimmel. Zerdrückt und je nach Konsistenz mit saurer Sahne vermischt, entstehen aus den Ziegenkäsesorten aromatische Cremes, die z. B. mit geriebenen Kartoffeln und Schnittlauch oder mit Paprika, Oliven und Thymian sehr gut schmecken.

Parmesan: Den fertig geriebenen in Tütchen oder Dosen sollten Sie im Regal stehenlassen. Viel aromatischer schmeckt Parmesan am Stück, vor dem Gebrauch frisch gerieben oder gehobelt. Es schadet nicht, immer ein Stück Parmesan vorrätig zu haben. In ein Küchentuch gewickelt hält er sich lange im Kühlschrank frisch. Fein gerieben würzt und bindet er Cremes, Kräuterpestos und vieles mehr – probieren Sie es aus. Mit dem Sparschäler oder Gurkenhobel kann man den Käse in dekorative Späne hobeln.

Cambozola: Er ist außen mit weißem Camembertschimmel überzogen und innen mit blaugrünem Edelpilz durchsetzt. Der sahnig-milde Weichkäse läßt sich gut mit einer Gabel zerdrücken und zu aromatischen Cremes verarbeiten. Kräftiger schmecken Gorgonzola oder Danablu. Wer es noch pikanter mag, verwendet Roquefort, vermischt mit Butter oder saurer Sahne.
Gut zu Blauschimmelkäse passen Wal- und Haselnüsse, Staudensellerie, grüner Pfeffer, Oliven oder Schnittlauch.

Feta: Er wird traditionell aus Schafmilch, je nach Sorte mit unterschiedlichen Anteilen von Kuh- oder Ziegenmilch vermischt, hergestellt. Im Handel sind großenteils sogenannte nach Feta-Art hergestellte Käse erhältlich, die ausschließlich aus Kuhmilch bestehen. Für Käsecremes eignen sich am besten die cremig-sahnigen Sorten, die, vermischt mit Quark, Oregano, Petersilie und Zwiebeln, richtig »mediterran« schmecken.

Naturgeräucherter Käse: Ihn dürfen Sie nicht mit dem weitverbreiteten geräucherten Schmelzkäse verwechseln. Im Naturkosthandel oder an gut sortierten Käsetheken sind Rauchkäsesorten wie »Bruder Basil« erhältlich. Gerieben und mit Crème fraîche vermischt lassen sich daraus wunderbar deftige Käsecremes herstellen.

Frischkäse selbstgemacht

Frischkäse kann man ganz leicht selbst herstellen und als fettarme Variante zum Doppelrahm-Frischkäse verwenden.

Ein Sieb in eine Schüssel hängen und mit einem Küchen- oder Mulltuch auslegen. Joghurt, saure Sahne oder Quark hineingeben und 5 – 8 Std. an einem kühlen Ort abtropfen lassen. Die Masse im Tuch je nach gewünschter Konsistenz etwas ausdrücken. Joghurt verliert bis zu 65 % seines Gewichts an Flüssigkeit, saure Sahne 50 % und Quark etwa 30 %.

Käsemasse nach Wunsch weiter verarbeiten. Für herzhafte Frischkäse die Masse mit frischen oder getrockneten Kräutern, Senf, Gewürzen wie Curry, edelsüßem Paprika oder Kümmel, mit Zwiebeln oder feingeschnittenen eingelegten Gurken vermischen. Süße Frischkäse können mit Beeren, Honig, Zimt und Kardamom hergestellt werden.

Paprikamousse

Im Bild • Braucht etwas Zeit

Zutaten für 4 Personen
1 rote Paprikaschote (etwa 250 g) • 1 Eßl. Olivenöl • 100 g Frischkäse • Salz • Pfeffer, frisch gemahlen

Zeit: etwa 20 Minuten (+ 2 Stunden Kühlzeit)
Pro Portion etwa: 100 kcal
Haltbar im Kühlschrank: 1 – 2 Tage

Paprika putzen, mit einem Sparschäler schälen und grob zerteilen. Olivenöl in einer Pfanne erhitzen und die Paprika bei schwacher Hitze unter gelegentlichem Wenden in etwa 10 Min. weich braten. In einem Mixbecher glatt pürieren.

Paprikapüree und Frischkäse vermischen, mit Salz und Pfeffer abschmecken. Mousse in eine Schüssel füllen und 2 Std. im Kühlschrank fest werden lassen. Mit zwei feuchten Eßlöffeln Nocken abstechen, auf Tellern anrichten und garnieren. Dazu geröstetes Ciabattabrot, Knoblauchbrot oder Bauernbrot reichen.

Varianten

Zucchinimousse
250 g gegrillte Zucchini pürieren. Das Püree etwas einkochen lassen und den Frischkäse unterziehen. Mit Salz, Hefeflocken, Knoblauch und Pfeffer abschmecken.

Lauchmousse
200 g gebratene Lauchringe pürieren, mit 50 g Frischkäse und 50 g zerdrücktem Gorgonzola vermischen und mit Salz, Pfeffer und Muskat abschmecken.

Ziegenkäsecreme

Schnell • Raffiniert

Zutaten für 4 Personen
1 gekochte Kartoffel (40 g; siehe Tip) • 80 g Ziegenrolle (oder Ziegenfrischkäse) • 1 Teel. Senf • 2 Eßl. saure Sahne • 1 Eßl. Sahne • $^1/_2$ Bund Rucola • 1 Teel. schwarzer Pfeffer, grob gemahlen • Salz • 1 Cocktailtomate zum Garnieren

Zeit: etwa 10 Minuten
Pro Portion etwa: 75 kcal
Haltbar im Kühlschrank: 3 Tage

Die Kartoffel pellen und mit dem Ziegenkäse mit einer Gabel zerdrücken. Beides mit Senf, saurer und süßer Sahne zu einer streichfähigen Creme verarbeiten.

Rucola waschen und trockenschwenken. Einige Blätter zur Seite legen. Die Stiele entfernen und die Blätter fein hacken.

Rucola und Pfefferschrot unter die Creme rühren und mit Salz abschmecken. In eine Schale füllen und mit den restlichen Raukeblättern und der Tomate garnieren. Am besten kommt der Aufstrich auf kräftigen Brotsorten zur Geltung.

Tip

Bevor Sie extra eine Kartoffel kochen müssen: Schneller geht's, wenn Sie 2 Teel. Kartoffelpüreepulver mit 2 Eßl. heißem Wasser oder Milch anrühren. Kartoffelpüree etwas abkühlen lassen und unter die Tofucreme rühren.

Schafkäsecreme mit Rucola

Schnell • Für Gäste

Zutaten für 4 Personen

50 g Feta • 1 Eßl. Schmand • 1/2 Bund Rucola • 1/2 Bund Basilikum • 2 Strauchtomaten • Pfeffer, frisch gemahlen

Zeit: etwa 10 Minuten
Pro Portion etwa: 45 kcal
Haltbar im Kühlschrank: 2–3 Tage

Feta mit einer Gabel zerdrücken und mit dem Schmand zu einer streichfesten Creme vermischen.

Rucola und Basilikum waschen und trockenschütteln. Die Stiele entfernen und die Blätter fein schneiden. Tomaten waschen, vierteln und ohne Stielansätze und Kerne würfeln.

Rucola, Basilikum und die Hälfte der Tomatenwürfel mit der Käsecreme mischen und mit Pfeffer abschmecken. Die restlichen Tomatenwürfel darüber streuen. Die Creme paßt gut zu gerösteten Ciabattascheiben und Dinkelbrötchen mit Hafer (Rezept Seite 93).

Varianten

Das schmeckt nach Süden: Die Brotscheiben zusätzlich mit gegrillten Zucchini- oder Auberginenscheiben belegen. Griechischer Fetasnack: statt Rucola und Basilikum Oregano und Dill verwenden. Mit Salatblättern, Tomatenscheiben und Zwiebelringen in ein kleines Pitabrot füllen.

Grüner Pfeffer-Feta

Scharf • Im Bild

Zutaten für 4 Personen

1 Bund Petersilie • 1 Bund Dill • 2 eingelegte Peperoni • 2 Eßl. Kürbiskerne • 150 g Feta • 2 Teel. eingelegter grüner Pfeffer • 2 Eßl. Joghurt

Zeit: etwa 10 Minuten
Pro Portion etwa: 145 kcal
Haltbar im Kühlschrank: 2–3 Tage

Petersilie und Dill waschen und trockenschütteln. Das Grün von den Stengeln zupfen und grob hacken. Die Peperoni ohne Stiele grob zerkleinern.

Kürbiskerne im Mixer hacken. Feta zerbröckeln. Feta, Kürbiskerne, Kräuter, Peperoni, grünen Pfeffer und 1 Eßl. Joghurt zu einer streichfesten Creme pürieren. Falls die Masse zu fest ist, löffelweise Joghurt untermixen. Die Schafkäsecreme schmeckt gut mit knackigen Salatblättern und Zwiebelringen auf Roggenbrötchen (Rezept Seite 87) und im Pittabrot (Rezept Seite 90).

Tip

Rühren Sie den Aufstrich mit Joghurt noch cremiger und schmecken ihn mit Salz und Pfeffer ab. Schneiden Sie aus Möhren, Staudensellerie, Paprika, Kohlrabi, Gurke und Fladenbrot Streifen und dippen Sie damit die Fetacreme.

Parmesancreme mit Oliven

Raffiniert • Im Bild

Zutaten für 4 – 6 Personen

1 Bund Petersilie • 100 – 120 ml Olivenöl • 1 Knoblauchzehe • 20 entsteinte grüne Oliven • 40 g Parmesan • 40 g Pecorino • 30 g gekochte Kartoffel (Tip Seite 53) • Zitronensaft • Pfeffer, frisch gemahlen

Zeit: etwa 15 Minuten
Bei 6 Personen pro Portion etwa: 160 kcal
Haltbar im Kühlschrank: 5 Tage

Petersilie waschen und trockenschütteln. Die Stiele abtrennen und das Grün grob hacken. Mit etwa 50 ml Olivenöl in einen Mixbecher geben. Knoblauch schälen, dazupressen und alles pürieren.

Oliven klein würfeln. Käse ganz fein reiben. Kartoffel schälen und mit einer Gabel fein zerdrücken.

Diese Zutaten zur Petersilienpaste geben und vermischen. Mit dem restlichen Olivenöl zur gewünschten Konsistenz verrühren. Mit Zitronensaft und Pfeffer abschmecken. Der Aufstrich kommt am besten auf geröstetem Baguette oder Bauernbrot zur Geltung. Dazu paßt ein italienischer Rotwein.

Tip

Für schnelle Buffet-Leckerbissen Oliven-Parmesancreme in einen Spritzbeutel mit großer Sterntülle füllen und in ausgehölte Cocktailtomaten oder auf Eierhälften spritzen.

Ricottacreme mit Basilikum

Raffiniert • Für Gäste

Zutaten für 4 – 6 Personen

2 Eßl. Pinienkerne • 1 Bund Basilikum • 1 Stiel Zitronenmelisse • 15 schwarze Oliven • 1 unbehandelte Zitrone • 1 Eßl. Rosinen • 250 g Ricotta • Salz • Pfeffer, frisch gemahlen • rosa Beeren (Seite 29) zum Garnieren

Zeit: etwa 15 Minuten
Bei 6 Personen pro Portion etwa: 110 kcal
Haltbar im Kühlschrank: 2 Tage

Pinienkerne in einer trockenen Pfanne bei mittlerer Hitze unter Wenden in etwa 3 Min. hellbraun rösten. Herausnehmen und hacken. Kräuter waschen, trockenschwenken und die Blätter fein schneiden. Oliven entkernen und zerkleinern. Zitrone heiß waschen und abtrocknen, die Schale abreiben. Rosinen hacken.

Alles mit Ricotta mischen. Die Zitrone auspressen. Die Creme mit Salz, Pfeffer und Zitronensaft abschmecken. Zum Garnieren rosa Beeren mit dem Messerrücken zerdrücken und auf die Creme streuen. Mit Fladenbrotstreifen oder Hanfknäcke (Rezept Seite 93) servieren.

Tip

Auberginen-Panino

Ein Baguette- oder Ciabattabrötchen beidseitig mit der Creme bestreichen. Mit gebratenen Auberginen- und Tomatenscheiben belegen und zusammenklappen.

Ananas-Räucherkäse

Schnell • Etwas teurer

Zutaten für 4 Personen
120 g naturgeräucherter Käse • 200 g Mascarpone • 1–2 Eßl. Sahne • 1 Babyananas (ersatzweise 80 g Ananas aus der Dose) • Pfeffer, frisch gemahlen • Salz

Zeit: etwa 10 Minuten
Pro Portion etwa: 325 kcal
Sollte gleich gegessen werden

Käse entrinden und fein raspeln. Mit Mascarpone vermischen. Mit der Sahne cremig rühren.

Den Blattschopf der Ananas entfernen. Ananas vierteln und von der Schale und dem holzigen Mittelteil befreien. Fruchtfleisch ganz klein schneiden und mit der Käsecreme vermischen. Mit Pfeffer und Salz abschmekken. Sofort zu Knäcke- oder Bauernbrot servieren.

Varianten

Deftiger Kräuter-Räucherkäse
Rühren Sie statt Ananas 1 kleine gehackte Zwiebel, etwas Senf und frisch gehackte Kräuter unter.

Fettarmer Pfefferkäse
Mischen Sie den Räucherkäse mit Magerquark statt Mascarpone und würzen Sie mit 1 Teel. grünem Pfeffer.

Schnittlauch-Obatzda

Klassiker • Im Bild

Zutaten für 4 Personen
130 g weicher, reifer Camembert • 1 Eßl. Magerquark • 1 Eßl. weiche Butter • 1 Bund Schnittlauch • Pfeffer, frisch gemahlen • Paprikapulver, edelsüß • gemahlener Kümmel • Salz

Zeit: etwa 10 Minuten
Pro Portion etwa: 125 kcal
Haltbar im Kühlschrank: 2–3 Tage

Camembert entrinden und mit einer Gabel fein zerdrücken. Mit Quark und Butter mischen.

Schnittlauch waschen und trockenschwenken. In Röllchen schneiden und 1 Eßl. davon zum Garnieren zurückhalten. Den Rest mit der Käsecreme mischen. Mit Pfeffer, Paprika, Kümmel und Salz abschmecken. In ein Töpfchen füllen und mit dem Schnittlauch bestreuen. Zu kräftigem Bauernbrot oder Laugenbrezeln servieren.

Varianten

Etwas feingehackte rote Zwiebel untermischen (dann am selben Tag verbrauchen, Zwiebel wird bitter).
Statt Schnittlauch schmeckt auch 1 Bund Rucola oder Bärlauch in der Käsecreme.

Meerrettich-bällchen

Im Bild • Braucht etwas Zeit

Zutaten für 4–6 Personen
500 g Schichtkäse (ersatzweise Magerquark) • 200 g Heidelbeeren • 1–2 Eßl. Meerrettich, frisch gerieben • Salz • 60 ml neutrales Öl • 1 Eßl. geröstete und gesalzene Pistazien

Zeit: etwa 15 Minuten (+ 8 Stunden Ruhezeit)
Bei 6 Personen pro Portion etwa: 135 kcal
Haltbar im Kühlschrank: 2 Tage

Ein Sieb mit einem Küchentuch auslegen. Den Schichtkäse hineinfüllen und an einem kühlen Ort 8 Std. abtropfen lassen.

Schichtkäse sanft ausdrücken; es sollten etwa 250 g zurückbleiben. Die Heidelbeeren waschen, verlesen und abtropfen lassen.

Die Käsemasse mit Meerrettich und Salz abschmecken. Mit angefeuchteten Händen 20 Kugeln formen. In jede Kugel 1–2 Beeren drücken, das Loch schließen und wieder eine Kugel formen.

Auf einem Teller etwas Öl verlaufen lassen und die Bällchen darauf anrichten. Das restliche Öl darüber träufeln. Die Pistazien aus den Schalen lösen und hacken. Die Bällchen mit den Pistazien und restlichen Beeren garnieren. Dazu schmecken süße Brötchen, wie die Englischen Teebrötchen (Rezept Seite 89), aber auch Vollkornbrot und Hanfknäcke (Rezept Seite 93).

Quer-durch-den-Garten

Preiswert • Schnell

Zutaten für 4–6 Personen
1 Bund gemischte Kräuter (z. B. aus Petersilie, Schnittlauch, Dill, Pimpinelle, Kerbel, Zitronenmelisse; ersatzweise 75 g tiefgekühlte Kräutermischung) • 3 Cornichons (aus dem Glas) • 100 g Schmand • 100 g Frischkäse • 1 Teel. Dijonsenf • 2 Eßl. Gurkenwasser aus dem Cornichonglas • Kräutersalz • Pfeffer, frisch gemahlen • Kapuzinerkresseblüten zum Garnieren

Zeit: etwa 15 Minuten
Bei 6 Personen pro Portion etwa: 90 kcal
Sollte gleich gegessen werden

Kräuter waschen und trocknen. Schnittlauch in kleine Röllchen schneiden. Übrige Kräuter von den Stengeln befreien und das Grün fein hacken.

Cornichons klein würfeln. Schmand, Frischkäse, Senf und Gurkenwasser glattrühren, die Kräuter und Cornichons dazugeben. Alles vermischen und mit Kräutersalz und Pfeffer abschmecken. Mit den Blüten garnieren. Dazu passen helle wie dunkle Brotsorten.

Varianten

Frischkäse durch Mayonnaise ersetzen.
2 hartgekochte Eier in Würfelchen untermischen.
Kleingehackte Radieschen und Zwiebeln unter die Creme rühren. Mit geraspelten Möhren und Sprossen garnieren.

Sellerie-Käse-Creme

Raffiniert • Im Bild

Zutaten für 4 Personen

150 g Knollensellerie • 100 g Cambozola (oder anderer Blauschimmelbrie) • 1 Eßl. Ricotta (ersatzweise Schichtkäse oder Magerquark) • 1 Eßl. Orangensaft • Pfeffer, frisch gemahlen • Salz • Walnußhälften zum Garnieren

Zeit: etwa 20 Minuten
Pro Portion etwa: 105 kcal
Haltbar im Kühlschrank: 2 Tage

Sellerie schälen und in kleine Stücke schneiden. In einem Topf mit wenig Wasser in 8–10 Min. weich dünsten.

In der Zwischenzeit Cambozola mit einer Gabel zerdrücken und mit Ricotta vermischen.

Sellerie abgießen. Die Gemüsestücke mit dem Orangensaft in einem Mixbecher glatt pürieren. Das Mus mit der Käsemasse vermischen und mit Pfeffer und Salz abschmecken. In eine Schale füllen und mit Walnüssen garnieren. Die Creme paßt gut zu Vollkorn- und Mischbrot.

Tip

Für Gäste Sellerie-Käse-Creme in einen Spritzbeutel mit großer Sterntülle füllen und auf halbe Orangenscheiben oder Chicoréeblättchen aufspritzen. Mit Kumquatscheiben und Petersilie garnieren.

Blue Cheese Cream

Spezialität aus den USA • Schnell

Zutaten für 4 Personen

$^1/_2$ Bund Schnittlauch • 1 Stiel Petersilie • 100 g Blauschimmelkäse (z. B. Gorgonzola) • 1 Eßl. Quark • 1 Eßl. Joghurt • je 1 Stück Gurke, rote Paprikaschote und Fenchel oder Staudensellerie • $^1/_2$ Teel. grüner Pfeffer • etwas Zitronensaft • Salz • Pfeffer, frisch gemahlen • einige knackige Salatblätter und Alfalfasprossen zum Anrichten

Zeit: etwa 10 Minuten
Pro Portion etwa: 100 kcal
Haltbar im Kühlschrank: 3 Tage

Schnittlauch und Petersilie waschen und trockenschwenken. Schnittlauch in Röllchen schneiden, das Petersiliengrün fein hacken.

Den Käse mit einer Gabel zerdrücken und mit Quark und Joghurt zu einer streichfähigen Creme mischen. Das Gemüse fein würfeln und mit Kräutern und grünem Pfeffer untermischen. Mit Zitronensaft, Salz und Pfeffer abschmecken. Die Creme mit Salatblättern und Sprossen auf Vollkornbrot oder Kürbiskernbagels servieren.

Tip

Blue Cheese Cream für Sandwiches ohne Joghurt zubereiten und auf geröstete Toastscheiben streichen, mit 1 Salatblatt belegen und mit 1 weiteren Toastscheibe zudecken. Vorsichtig andrücken und diagonal durchschneiden.

Vom Feinsten

Salat fürs Brot

Wer sagt, Feinkostsalate liegen schwer im Magen und machen dick? Hier finden Sie den Gegenbeweis.

Feinkostklassiker in leichtem Gewand

Bunte Würfelchen aus Gemüse oder Obst, eingebettet in würzigen Cremes aus Joghurt, saurer Sahne, Kräutern, Tomaten oder Tofu, machen Brot zu einem saftigen Genuß. Das schmeckt erfrischend leicht und nicht die Spur nach Diät. Diese Feinkost können Sie nach Herzenslust auf Ihr Brot türmen und Gemüsemuffeln unterjubeln.

Der Gurken-Seitansalat (Rezept Seite 70) ist dem Fleischsalat abgeguckt; statt Mayonnaise bindet kalorienarme Tofunaise Cornichon- und Seitanstreifen. Im Möhren-Selleriesalat (Rezept Seite 79), auch Farmersalat genannt, schmeckt ein Joghurt-Mandeldip, und der Auberginen-Norisalat mit knackigen Apfelstückchen, scharfen Radieschen und Schmand (Rezept Seite 73) hatte klassischen Heringssalat zum Vorbild. In ausgehöhlte Tomaten, Gurken und Pastetchen gefüllt und ausgarniert, können Sie die Salate dekorativ auf Brottellern und Häppchenplatten servieren.

Seitan und Nori

Die »fleischlichen« Genüsse können Seitan und Nori-Alge ersetzen.

Seitan: Er ist wie Tofu eine Erfindung der ostasiatischen Küche. Er wird aus Weizeneiweiß, dem Gluten (auch Kleber genannt), hergestellt und mit Sojasauce gewürzt. Er ist äußerst eiweißreich, fettarm und enthält viele Mineralstoffe. In Würfel oder Streifen geschnitten, mit Sojasauce mariniert, gibt er vegetarischen Feinkostsalaten den »Biß«.

Nori-Alge: Sie schmeckt nach Meer und Fisch und ist ein wertvoller Mineralstofflieferant (besonders Jod). Das Algenprodukt besteht aus Seetang, der in dünne papierartige Bögen gepreßt ist. Trocken in einer Pfanne geröstet läßt Nori sich gut zerkrümeln und verleiht Speisen den typischen Meeres-Geschmack.

Mayonnaise und fettarme Alternativen

Ganz klar, manchmal muß einfach Mayonnaise an den Salat. Zur selbstgemachten Mayonnaise gibt es auch fettärmere, rein pflanzliche und eifreie Alternativen, mit denen Sie Feinkostsalate zubereiten können.

Die folgenden Rezepte ergeben 100 – 125 ml.

Klassische Mayonnaise
1 ganz frisches Eigelb, 1 Teel. Senf, 1 Eßl. Weißweinessig, etwas Salz und Pfeffer mit einem Schneebesen oder mit den Quirlen des Handrührers verrühren und in dünnem Strahl $^1/_8$ l Öl dazufließen lassen. Dabei ständig rühren, bis eine dickflüssige Creme entsteht.

Tofunaise
100 g weichen bis mittelfesten Tofu zerkrümeln. 2 Eßl. neutrales Öl, 2 Eßl. Zitronensaft, je 1 Teel. Senf und Agavendicksaft (Bioladen), $^1/_4$ Teel. Salz und etwas weißen Pfeffer in einem hohen Gefäß mit einem Pürierstab vermixen. Tofukrümel nach und nach bis zur gewünschten Konsistenz unterpürieren. Wichtig: Den Tofu erst am Schluß unterarbeiten, da sich die Zutaten sonst leicht trennen.

Salatmayonnaise
Alle Zutaten sollten gekühlt sein!
50 g saure Sahne, je 1 Teel. mittelscharfen Senf, Walnußöl und Zitronensaft, $^1/_2$ Teel. Agavendicksaft (Bioladen), $^1/_4$ Teel. Salz und etwas weißen Pfeffer mit dem Pürierstab vermixen. Im dünnen Strahl 50 ml neutrales Öl unterpürieren.

Frisch-Ei-Mayonnaise sollten Sie möglichst bald verzehren, die anderen »Mayonnaisen« halten sich gut verschlossen im Kühlschrank 4 – 5 Tage.

Wenn Sie Mayonnaise fettärmer mögen, ersetzen Sie einen Teil durch Joghurt oder saure Sahne. Neue Geschmacksnuancen geben zerdrückte Knoblauchzehen, Hefeflocken, andere Senfsorten oder feingehackte Kräuter. Pflanzliche »Mayonnaisen« schmecken abgerundeter und bekommen mehr Stand, wenn Sie etwas Kartoffelpüree oder weißes Mandelmus unterrühren.

Burger, Sandwich und belegte Brötchen

Egal, ob Sie die Mahlzeit zwischen 2 Brotscheiben oder Brötchenhälften Burger, Sandwich oder belegtes Brötchen nennen, ein feiner Salat dazwischen macht alles erst richtig saftig.
Eier-Brötchen: Gebratenes Rührei mit Salatblatt und Picadillo (Seite 80) in ein Sesambrötchen geben.
Zucchini-Panino: gegrillte Zucchinischeiben mit Mozzarellasalat (Seite 79) im Ciabattabrötchen servieren.
Farmer Sandwich: Gegrillte Tofuscheiben, Möhren-Sellerie-Salat (Seite 79) und Salatblatt zwischen 2 gebutterte Toastscheiben geben und diagonal durchschneiden.
New York Sandwich: Gebratene Seitanscheiben mit Cole Slaw (Seite 76) und Salatblatt in ein geröstetes Sesambrötchen geben.
Mexico-Burger: Getreidebratling mit Avocado-Bohnensalsa (Seite 80) und zerkrümelten Nachos in ein Brötchen oder eine Tortilla füllen.

Tatar mit Tomaten und Oliven

Im Bild • Für Gäste

Zutaten für 4 Personen
4 Strauchtomaten • 30 schwarze entsteinte Oliven • 16 Walnußhälften • 1 Bund Koriandergrün (ersatzweise glatte Petersilie) • 2 Eßl. Tomatenmark • 1 Teel. Harissa (Seite 29) • Zitronensaft • Salz • Pfeffer, frisch gemahlen

Zeit: etwa 15 Minuten
Pro Portion etwa: 105 kcal
Haltbar im Kühlschrank: 2 Tage

Tomaten für einige Sekunden in kochendes Wasser legen. Herausnehmen und die Haut abziehen. Die Früchte ohne Stielansätze und die Kerne würfeln. Oliven und Walnüsse hacken. Koriander waschen und trockenschütteln. Die Stengel entfernen und die Blättchen fein schneiden. 1–2 Eßl. davon zum Garnieren zurücklegen.

In einer Schüssel Tomatenmark, Harissa und etwas Zitronensaft verrühren. Tomatenwürfel, Oliven, Koriander und Walnüsse untermischen. Tomaten-Oliventatar mit Salz und Pfeffer abschmecken und in eine Schale füllen. Mit dem restlichen Koriander garnieren. Der Aufstrich paßt gut zu gebutterten Maisbrötchen und mit Schafkäse und Salatblatt ins Vollkornbrötchen.

Tip

Probieren Sie Tomaten-Oliventatar als Dip zu Pasta, Tortilla, Gegrilltem und gebratener Polenta.

Zorbas Salat

Spezialität aus Griechenland • Preiswert

Zutaten für 4 Personen
1 Stück Gurke (etwa 50 g) • Salz • 1 Tomate • 1 Frühlingszwiebel • 1 Stück rote Paprikaschote (etwa 30 g) • 5 schwarze entkernte Oliven • 1/2 Peperoni • 70 g Schafkäse • 1–2 Eßl. Joghurt • 1 Teel. Zitronensaft • 1 Knoblauchzehe • 1/2 Teel. getrockneter Oregano • Pfeffer, frisch gemahlen

Zeit: etwa 15 Minuten
Pro Portion etwa: 60 kcal
Sollte gleich gegessen werden

Die Gurke waschen und längs halbieren. Die Kerne herausschaben und das Fleisch klein würfeln. In ein Sieb geben, mit Salz bestreuen und stehenlassen. Tomate waschen, vierteln und ohne Stielansatz und Kerne in kleine Stücke schneiden. Frühlingszwiebel waschen und putzen. Das Grün und die Knolle getrennt in schmale Ringe schneiden. Paprika, Oliven und Peperoni fein zerkleinern. Die Hälfte vom Schafkäse fein würfeln.

Restlichen Schafkäse, 1 Eßl. Joghurt, Zitronensaft und Oregano in einen Mixbecher geben. Knoblauch schälen und dazupressen. Alles zu einer glatten Creme pürieren und den restlichen Joghurt hinzufügen, falls die Creme zu fest wird.

Abgetropfte Gurkenwürfel, Gemüsestückchen, 1 Eßl. Zwiebelgrün, Schafkäsewürfel und Oregano unter die Creme heben. Mit Pfeffer abschmecken und mit restlichem Zwiebelgrün und -ringen garnieren. Salat sofort servieren.

Gurken-Seitan-Salat

Klassiker auf neue Art • Schnell

Zutaten für 4 Personen
2 Eßl. Sonnenblumenöl • 4 Eßl. Gurkenwasser (aus dem Cornichonglas) • 1 Teel. Senf • 1 Teel. Akazienhonig • Salz • 100 g Tofu • 5 Cornichons (etwa 60 g) • 80 g Seitan (Bioladen) • 1 Teel. Sojasauce • 1 Bund Schnittlauch • weißer Pfeffer, frisch gemahlen • Weißweinessig

Zeit: etwa 15 Minuten
Pro Portion etwa: 75 kcal
Haltbar im Kühlschrank: 1 – 2 Tage

Öl, Gurkenwasser, Senf, Akazienhonig und etwas Salz in einen Pürierbecher geben und vermixen. Tofu zerkrümeln oder mit einer Gabel zerdrücken. Nach und nach zur Flüssigkeit geben und alles zu einer weichen, glatten Creme pürieren. Eventuell nicht alle Tofukrümel dazugeben, damit die Creme nicht zu fest wird.

Cornichons und Seitan in dünne, schmale Streifen schneiden. Seitan in der Sojasauce marinieren. Schnittlauch waschen und trockenschwenken. In kleine Röllchen schneiden (2 Eßl. davon zum Garnieren verwenden).

Die geschnittenen Zutaten mit der Tofucreme vermischen und mit Salz, Pfeffer und Essig abschmecken. Salat in eine Schale füllen und mit den restlichen Schnittlauchröllchen garnieren.

Kresse-Eier-Salat

Gelingt leicht • Im Bild

Zutaten für 4 Personen
2 Eier • 1 Beet Kresse • 2 Cornichons • ½ roter Apfel • 2 Teel. Zitronensaft • 120 g Schmand • 1 Teel. Senf, mittelscharf • Kräutersalz • Pfeffer, frisch gemahlen

Zeit: etwa 25 Minuten
Pro Portion etwa: 125 kcal
Haltbar im Kühlschrank: 1 – 2 Tage

Die Eier in 10 Min. hart kochen, abschrecken, abpellen und auskühlen lassen.

Während die Eier kochen, die Kresse mit einer Schere vom Beet schneiden. Cornichons klein würfeln. Apfel waschen und ohne das Gehäuse in kleine Stücke schneiden. Apfelstückchen sofort mit Zitronensaft vermischen. Eier kreuzweise mit einem Eierschneider zerkleinern oder mit einem Messer kleinhacken.

Schmand und Senf glattrühren. Cornichons, Apfel, Eier und die Hälfte der Kresse unterziehen. Mit Kräutersalz und Pfeffer abschmecken. In eine Schüssel füllen und mit der restlichen Kresse garnieren. Zum Aufstrich passen Roggenbrötchen (Rezept Seite 87) und kräftige Brotsorten gut.

Tip

Lassen Sie sich Kresse-Eier-Salat einmal als Dip zu Pellkartoffeln schmecken!

Broccolisalat

Raffiniert • Im Bild

Zutaten für 4 Personen
250 g Broccoli • 1 Bund Basilikum • 1 Eßl. Pinienkerne • 2 Eßl. weißes Miso (siehe Tip) • 1 Eßl. Olivenöl • 1 Knoblauchzehe • Pfeffer, frisch gemahlen • Salz

Zeit: etwa 15 Minuten
Pro Portion etwa: 60 kcal
Haltbar im Kühlschrank: 2 Tage

Broccoli waschen, putzen und in sehr kleine Röschen teilen. Die Stiele schälen und fein zerkleinern. Röschen und Stiele in kochendem Wasser etwa 1 Min. blanchieren. Abgießen, kalt abschrecken und abtropfen lassen. Etwas Kochwasser aufbewahren.

Basilikum waschen und trockenschwenken. Die Stiele entfernen und die Blätter fein schneiden. Pinienkerne bei mittlerer Hitze unter Rühren hellbraun rösten. Sofort herausnehmen und hacken.

Miso und Olivenöl mit etwas Kochwasser cremig rühren. Knoblauch schälen und dazupressen. Broccoli, Pinienkerne und Basilikum mit der Misocreme vermischen. Mit Pfeffer und Salz abschmecken.

Tip

Weißes Miso (Shiro Miso) ist eine kurz fermentierte Paste aus Sojabohnen, Salz und Reis. Die helle Creme enthält wenig Salz, schmeckt sehr mild und verfeinert Speisen ähnlich wie Sahne. Erhältlich ist sie im Naturkostladen.

Auberginen-Nori-Salat

Klassiker auf neue Art • Raffiniert

Zutaten für 4 Personen
2 Eßl. Sonnenblumenöl • 3 Scheiben Aubergine (quer geschnitten, etwa 1,5 cm dick) • Salz • Pfeffer • 1/4 Apfel • Zitronensaft • 2 Radieschen • 2 Cornichons • 1/2 Bund Schnittlauch • 1 Blatt Nori-Alge (Asien- oder Bioladen) • 2 gehäufte Eßl. Schmand • 1 Teel. Essig • 1–2 Eßl. Gurkenwasser (aus dem Cornichonsglas) • Akazienhonig

Zeit: etwa 15 Minuten
Pro Portion etwa: 60 kcal
Haltbar im Kühlschrank: 2 Tage

Öl in einer Pfanne erhitzen und die Auberginenscheiben darin bei schwacher Hitze von jeder Seite 3–5 Min. braten. (Sie sollten noch etwas Biß haben und nur leicht gebräunt sein.) Die Scheiben salzen, pfeffern und auf Küchenpapier abtropfen lassen. In Würfel schneiden.

Apfel schälen, putzen und kleinschneiden. Mit etwas Zitronensaft beträufeln. Radieschen waschen, putzen und zerkleinern. Cornichons würfeln. Schnittlauch waschen, trockenschwenken und in Röllchen schneiden. Noriblatt trocken in einer Pfanne oder über einer Gasflamme von beiden Seiten kurz rösten, bis es knusprig wird. Das Algenblatt fein zerkrümeln.

Schmand mit Essig und Gurkenwasser verrühren und mit Salz, Pfeffer und Akazienhonig würzen. Die Creme mit allen Zutaten vermischen und abschmecken.

Ziegenkäsesalat mit Kirschen

Raffiniert • Orientalisch

Zutaten für 4 Personen
50 g Ziegenrolle • 2 Eßl. Joghurt • 1 Möhre (etwa 70 g) • 8 frische Süßkirschen (oder Sauerkirschen aus dem Glas) • 4 Eßl. geröstete und gesalzene Pistazien • 1 unbehandelte Orange • Salz • Pfeffer, frisch gemahlen • 1 Prise Pimentpulver

Zeit: etwa 15 Minuten
Pro Portion etwa: 90 kcal
Sollte gleich gegessen werden

Ziegenrolle mit einer Gabel fein zerdrücken und mit dem Joghurt mischen. Möhre schälen und putzen. Mit einem Sparschäler einige Streifen zum Verzieren abschälen, dann die Möhre raspeln. Kirschen waschen, trocknen, entkernen und kleinschneiden. Pistazienkerne aus den Schalen lösen und fein hacken. Orange heiß abwaschen und trocknen. Etwas Schale abreiben.

Möhrenraspel, Kirschen, die Hälfte der Pistazien und Orangenschale mit der Ziegenkäsemasse vermischen. Den Salat mit Salz, Pfeffer und Piment abschmecken. Mit den Möhrenstreifen und Pistazien garnieren. Englische Teebrötchen (Rezept Seite 89) passen gut dazu.

Variante mit Oliven:

Wer es lieber herzhaft mag, nimmt statt Kirschen, Orangenschale und Piment gehackte Oliven und etwas frischen Thymian.

Erdbeersalat mit Avocado

Im Bild • Schnell

Zutaten für 4 Personen
200 g Erdbeeren • 1 weiche Avocado • 2 Teel. Zitronensaft • 2 Teel. Agavendicksaft (Seite 9, Bioladen) • Salz • Pfeffer, frisch gemahlen • 1 Zweig Zitronenmelisse zum Garnieren

Zeit: etwa 15 Minuten
Pro Portion etwa: 85 kcal
Sollte gleich gegessen werden

Erdbeeren waschen und auf Küchenpapier trocknen. 1 Beere zum Garnieren zurücklegen. Restliche Beeren entkelchen und in Stückchen schneiden.

Avocado halbieren, vom Kern befreien und das Fruchtfleisch mit einem Löffel aus der Schale nehmen. Eine Hälfte des Fruchtfleischs mit 1 Teel. Zitronensaft und Agavendicksaft glatt pürieren. Die andere Hälfte würfeln und mit dem restlichen Zitronensaft beträufeln.

Erdbeerstückchen, Avocadopüree und -würfel vermengen und mit etwas Salz und Pfeffer abschmecken. In eine Schüssel füllen. Mit der Zitronenmelisse und Erdbeere garnieren. Sofort servieren. Vollkornbrötchen (Rezept Seite 87) und Pumpernickel passen gut dazu.

Cole Slaw

Spezialität aus USA • Im Bild

Zutaten für 4 Personen
120 g Weißkohl • Salz • 120 g Möhren • 50 g Mayonnaise, Tofunaise oder ähnliches (siehe Seite 66/67) • 50 g saure Sahne • 1 Teel. Senf • Kräutersalz • Pfeffer, frisch gemahlen

Zeit: etwa 10 Minuten
Pro Portion etwa: 120 kcal
Haltbar im Kühlschrank: 1 Tag

Weißkohl putzen und in feine Streifen schneiden oder mit dem Gurkenhobel raspeln. Mit etwas Salz bestreuen und etwa 1 Min. mit den Händen durchkneten, bis der Kohl weich wird.

Möhren schälen und putzen. Mit einer Gemüsereibe raspeln. Mayonnaise, saure Sahne und Senf verrühren und mit Kräutersalz und Pfeffer würzen. Mit Weißkohl und Möhren mischen und abschmecken. Dieser Salatklassiker schmeckt auf hellem sowie auf dunklem Brot, im Käsesandwich oder mit Räuchertofu im Vollkornbrötchen.

Varianten

Cole Slaw für jeden Geschmack:
– Cashewnüsse, einige Rosinen (in Orangensaft eingeweicht) und gehackte Mandeln untermischen.
– Anstatt Möhren rote Paprikaschote verwenden und mit gehackter Petersilie würzen.
– Zusätzlich 50 g geraspelten Knollensellerie oder fein geschnittenen Staudensellerie untermischen.

Indischer Salat

Exotisch • Für Gäste

Zutaten für 4 Personen
2 Eßl. tiefgekühlte Erbsen • 1 Apfel • 1/2 kleine Zwiebel (25 g) • 1/2 Teel. schwarze Senfkörner • 1 Eßl. Butter • 1 Eßl. Rosinen • 2 Teel. mildes Currypulver • 1/2 Teel. Kurkuma • 2 Eßl. Sahne • 1 Teel. Sojasauce • 1 Teel. Vollrohrzucker • 1 Teel. Zitronensaft • 2 Eßl. Joghurt • 150 g Ananas • 1 kleine Möhre (40 g) • 2 Eßl. Kichererbsen (aus der Dose) • Salz

Zeit: etwa 25 Minuten
Pro Portion etwa: 90 kcal
Haltbar im Kühlschrank: 1–2 Tage

Erbsen auftauen lassen. Apfel schälen, vierteln, putzen und zerkleinern. Zwiebel schälen und kleinschneiden.

Senfkörner in einer Pfanne bei starker Hitze unter Rühren erhitzen, bis die Körner hochspringen. Sofort von der Kochstelle nehmen und kurz abkühlen lassen. Butter, Rosinen, Zwiebel und Apfel zu den Senfkörnern geben und bei schwacher Hitze unter gelegentlichem Rühren 5 Min. weich braten. Mit Curry und Kurkuma bestäuben, 1/2 Min. unter Rühren sanft weiterbraten und mit Sahne und Sojasauce ablöschen.

Den Pfanneninhalt mit Zucker und Zitronensaft pürieren. Joghurt unterrühren. Ananas würfeln. Die Möhre schälen und sehr klein würfeln. Beides mit den Erbsen und Kichererbsen in die Creme rühren und mit Salz und Zitronensaft abschmecken. Der Aufstrich schmeckt gut auf Vollkornbrötchen (Rezept Seite 87).

Möhren-Sellerie-Salat

Gelingt leicht • Schnell

Zutaten für 4 Personen
2 Eßl. weißes Mandelmus • 100 g milder Joghurt • 2 Teel. Agavendicksaft (Seite ••) • 2 Teel. Weißweinessig • 1/2 Teel. Senf • Salz • weißer Pfeffer, frisch gemahlen • 120 g Möhren • 120 g Knollensellerie • glatte Petersilie zum Garnieren

Zeit: etwa 10 Minuten
Pro Portion etwa: 65 kcal
Haltbar im Kühlschrank: 2 Tage

Mandelmus mit Joghurt, Agavendicksaft, Weißweinessig und Senf glattrühren. Mit Salz und Pfeffer würzen.

Möhren und Sellerie schälen und putzen. Mit einer Gemüsereibe grob raspeln. Die Gemüse sofort mit dem Dressing verrühren und abschmecken. In eine Schale füllen und mit einigen Petersilienblättchen garnieren. Der Salat schmeckt gut auf Vollkornbrotsorten wie Fünfsaatbrot, Sonnenblumenkernbrot und Kürbiskernbrot.

Varianten

Ersetzen Sie das Mandel-Joghurtdressing durch eine Mischung aus Mayonnaise und saurer Sahne. Mit roten Parikastreifen und gehackter glatter Petersilie können Sie den Salat weiter anreichern.

Mozzarellasalat

Für Gäste • Im Bild

Zutaten für 4 Personen
100 g getrocknete Tomaten, in Öl mit Kräutern eingelegt • 1 Kugel Mozzarella (125 g) • 1/2 Bund Rucola • 1/2 Bund Basilikum • 1 Teel. Zitronensaft • Salz • Pfeffer, frisch gemahlen

Zeit: etwa 15 Minuten
Pro Portion etwa: 135 kcal
Haltbar im Kühlschrank: 2 Tage

Tomaten in einem Sieb abtropfen lassen und dabei das Öl auffangen. In kleine Stückchen schneiden. Mozzarella ganz klein würfeln. Rucola und Basilikum waschen und trockenschwenken. Die harten Stiele entfernen und die Blätter fein schneiden.

Tomaten, Mozzarella, Rucola und Basilikum mischen. 1 Eßl. Tomaten-Öl mit 1 Teel. Zitronensaft verrühren und mit Salz und Pfeffer würzen. Mit dem Mozzarellasalat vermengen und abschmecken. Zum Salat passen Ciabattabrot, Bauernbrot oder Baguette.

Tip

Schön als kleiner Imbiß mit einem Glas italienischem Rotwein oder als Vorspeise zu einem italienischen Essen sind Crostini: Ciabattabrot in Scheiben schneiden und toasten. Mit Knoblauchbutter bestreichen und mit Mozzarellasalat belegen. 1 – 2 Min. unter einem Grill oder im Backofen überbacken, bis der Käse zerläuft. Die Röstbrote sofort servieren.

Avocado-Bohnen-Salsa

Spezialität aus Mexiko • Im Bild

Zutaten für 4 – 6 Personen

1 Tomate • 1 kleine Zwiebel • 1/2 Bund Koriandergrün • 120 g Kidneybohnen (aus der Dose) • 1 Avocado • 1 Eßl. Zitronensaft • Tabasco (oder Salsasauce) • Salz • Pfeffer, frisch gemahlen

Zeit: etwa 10 Minuten
Bei 6 Personen pro Portion etwa: 60 kcal
Sollte gleich gegessen werden

Die Tomate waschen, vierteln, von Stielansatz und Kernen befreien und würfeln. Zwiebel schälen und kleinschneiden. Koriander waschen und trockenschwenken. Die Blättchen von den Stengeln zupfen und fein hacken. Die Kidneybohnen abtropfen lassen.

Die Avocado halbieren, den Kern entfernen und das Fruchtfleisch mit einem Löffel herausnehmen. Mit Zitronensaft beträufeln und mit einer Gabel zerdrücken. Tomate, Zwiebel, Koriander (bis auf 1 Eßl.) und Bohnen mit dem Püree vermischen und mit Tabaso, Salz und Pfeffer abschmecken und mit dem restlichen Koriander garnieren. Lecker auf Maisbrötchen (Rezept Seite 90).

Tip

Nicht nur Brötchen gibt die Salsa einen mexikanischen Touch, sondern auch Bratlingen und Gegrilltem. Sie ist außerdem ein idealer Dip zu Nachos, scharf gewürztem Omelette und Tortillas.

Picadillo

Spezialität aus Spanien • Preiswert

Zutaten für 4 – 6 Personen

2 Tomaten • 100 g Gurke • 1 Stück grüne Paprikaschote (etwa 60 g) • Salz • 1 Bund glatte Petersilie • 1 Zweig Zitronenmelisse • 1/2 unbehandelte Zitrone • 1 Eßl. Tomatenmark • 2 Teel. Olivenöl • Tabascosauce

Zeit: etwa 15 Minuten
Bei 6 Personen pro Portion etwa: 15 kcal
Sollte gleich gegessen werden

Tomaten, Gurke und Paprika waschen. Tomaten vierteln, Kerne und Stielansätze entfernen. Gurke längs halbieren und die Kerne mit einem Teelöffel herausschaben. Paprika putzen. Die Gemüse klein würfeln, in ein Sieb geben, mit etwas Salz bestreuen und abtropfen lassen.

Petersilie und Zitronenmelisse waschen und trockenschwenken. Die Blättchen von den Stengeln zupfen und fein hacken.

Etwas Zitronenschale abreiben und 2 Teel. Saft auspressen. Tomatenmark, Olivenöl, Zitronenschale und -saft verrühren und mit den Gemüsewürfeln und den Kräutern vermengen. Mit Salz und Tabasco abschmecken. Der Aufstrich schmeckt gut auf gebutterten Maisbrötchen und im Pittabrot (Rezepte Seite 90).

Variante

2 Eßl. gekochte Kichererbsen und 2 Teel. Kapern unter den Salat mischen.

Streich-Fest

Brötchen und mehr

Nur in der Not schmeckt der Aufstrich auch ohne Brot. Ansonsten sind Brot und Brötchen ein Muß und schmekken selbstgebacken einfach köstlich.

Mehltypen

Mehl ist nicht gleich Mehl. Auf jeder Mehlpackung gibt die Typenzahl darüber Auskunft, wieviel mineralstoff- und ballaststoffreiche Randschichten im Mehl enthalten sind. Je mehr vom Korn vermahlen ist, desto dunkler sieht das Mehl aus, desto höher ist die Typenzahl. So hat dunkles Weizenmehl die Type 1050, das weiße Haushaltsmehl als hellste Mehlsorte die Type 405. Vollkornmehl hat keine Typenzahl, da das ganze Korn vermahlen ist.

Wenn Sie Getreide selbst mahlen, sollte für gute Backergebnisse das Mehl sehr fein ausfallen. Möchten Sie statt hellem Mehl lieber Vollkornmehl verwenden, müssen Sie dem Teig mehr Flüssigkeit zugeben, da die Schalenanteile im Mehl stark aufquellen. Umgekehrt sollten Sie weniger Flüssigkeit als angegeben nehmen, wenn Sie Vollkornmehl durch Weißmehl ersetzen.

Hefeteig zubereiten

Alle Zutaten sollten Zimmertemperatur haben, die Flüssigkeit sollte handwarm (etwa 38°) erwärmt werden. Zunächst die trockenen Bestandteile, also Mehl, Trockenhefe, Zucker und Salz in einer Rührschüssel vermischen. Flüssigkeit und gegebenenfalls weiche Butter dazugeben und dann alles mit den Knethaken des Handrührers oder der Küchenmaschine 2 – 5 Min. verkneten, bis der Teig sich vom Schüsselrand löst und glatt und geschmeidig ist. Ist er zu zäh und klebrig, muß noch mehr Mehl hinzugegeben werden. Läßt er sich zu schwer kneten, noch tropfenweise Flüssigkeit hineinarbeiten. Jede Mehlsorte nimmt unterschiedlich stark Flüssigkeit auf. Daher können keine exakten Mengen in Rezepten angegeben werden.

Der Hefepilz, der den Teig in die Höhe treibt, mag keine Zugluft und braucht Wärme, um sich zu entwickeln: Decken Sie den Teig mit einem Küchentuch ab und stellen ihn an einen warmen Ort. Das kann in der Nähe einer Heizung sein, in der Sonne oder im maximal 50° warmen Backofen (eventuell Ofentür etwas auflassen). Bevor Sie den Teig weiter verarbeiten, muß er sich um das fast Doppelte vergrößert haben. Dazu braucht die Hefe bei idealen Bedingungen etwa 30–45 Min. Den »aufgeplusterten« Teig noch mal kurz und kräftig mit den Händen durchwalken, so daß die Luft entweicht. Nun den Teig nach Belieben formen. Dabei gleich große Teiglinge für ein Backblech herstellen, damit sie in der gleichen Zeit fertig backen. Teiglinge mit Wasser einpinseln oder bespühen (Wasserzerstäuber) und mit einem Küchentuch zugedeckt an einem warmen Ort etwa 10 Min. ruhen lassen, bis sich das Teigvolumen sichtbar um etwa ein Drittel vergrößert hat.

Machen Sie Dampf!

Damit Brötchen beim Backen schön aufgehen und ihre Oberfläche nicht reißt, brauchen sie Wasserdampf im Ofen, besonders zu Anfang der Backzeit. Besprühen Sie also, kurz bevor Sie die Brötchen in den Ofen schieben, die Ofenwände mit Wasser. Oder stellen Sie ein feuerfestes Gefäß, gefüllt mit kochendem Wasser, mit in den Backofen.

Frühstücksbrötchen

Um nicht extra früh aufstehen zu müssen, lassen Sie die Hefe langsam über Nacht arbeiten. Bereiten Sie den Hefeteig am Vorabend zu und lassen ihn abgedeckt im Kühlschrank über Nacht gehen. Morgens brauchen Sie dann nur noch die Brötchen zu formen und in den heißen Ofen zu schieben. Ohne jede Vorbereitung kann man Frühstücksbrötchen aus Backpulver-Teigen backen. Die englischen Teebrötchen (Rezept Seite 89) stehen innerhalb von 30 Min. fix und fertig auf dem Tisch.

Brötchen gut geformt

Außer runden Brötchen gibt es noch einige andere Formen.
Schrippen: Ovale Brötchen formen und die Oberflächen mit einem spitzen Messer längs einschneiden.
Kaisersemmeln: Teigkugel flachdrücken und zu einem Fünfeck ziehen. Spitzen zur Mitte klappen, umgedreht gehen lassen. Zum Backen umdrehen und mit Milch bestreichen.
Hörnchen: Teig zu einem großen Kreis ausrollen, in Segmente schneiden. Stücke an den breiten Enden beginnend zur Spitze hin aufrollen und halbrund biegen.
Sonne: Kugeln formen und kreisförmig dicht aneinander setzen.
Bestreute Brötchen: Nach dem Formen Brötchen mit Wasser einpinseln. Ölsaaten auf einen Teller geben und Teiglinge hineinstippen.

Vollkornbrötchen aus Weizen

Preiswert • Im Bild

Zutaten für 10 Stück
500 g Vollkornweizenmehl • 4 Teel. Trockenhefe (1 1/3 Tütchen) • 1 gehäufter Teel. Salz • 180 ml Milch • 40 g weiche Butter • 2 Teel. Akazienhonig • Mehl für die Arbeitsfläche • Fett für das Backblech • Mohn-, Sesam- oder Leinsamen zum Bestreuen

Zeit: etwa 2 Stunden (davon 1 1/2 Stunden Ruhe- und Backzeit)
Pro Stück etwa: 205 kcal

Mehl, Trockenhefe und Salz in einer Schüssel mischen. Milch und 180 ml Wasser handwarm erhitzen und mit Butter und Akazienhonig zur Mehlmischung geben. Alles zu einem glatten und geschmeidigen Teig kneten. Zugedeckt an einem warmen Ort etwa 45 Min. zum doppeltem Teigvolumen gehen lassen.

Backblech einfetten. Auf einer bemehlten Arbeitsfläche den Teig mit den Händen kräftig durchkneten. Zu einer Rolle formen und in 10 gleich große Stücke schneiden. Teigstücke mit bemehlten Händen zu Kugeln drehen und etwas flachdrücken. Teiglinge mit Wasser bestreichen. Samen auf einen Teller geben und Brötchen hineinstippen. Auf das Backblech setzen und zugedeckt an einem warmen Ort etwa 15 Min. gehen lassen. Den Backofen auf 220° vorheizen.

Brötchen im Backofen (Mitte, Umluft 200°) etwa 30 Min. hellbraun backen. Herausnehmen und abkühlen lassen.

Roggenbrötchen

Deftig • Braucht etwas Zeit

Zutaten für 12 Stück
300 g Roggenmehl • 200 g Weizenmehl (Type 1050) • 4 Teel. Trockenhefe (1 1/3 Päckchen) • 2 Teel. Vollrohrzucker • 1 gehäufter Teel. Salz • 1/4 Teel. gemahlener Kümmel nach Belieben • 40 g weiche Butter • 1 Eßl. Essig • Weizenmehl zum Formen • Fett für das Backblech

Zeit: etwa 2 1/4 Stunden (davon 1 3/4 Stunden Ruhe- und Backzeit)
Pro Stück etwa: 165 kcal

Roggen- und Weizenmehl, Trockenhefe, Vollrohrzucker, Salz und Kümmel in einer Schüssel mischen. Butter, Essig und 350 ml lauwarmes Wasser dazugeben und zu einem glatten Teig kneten. Abgedeckt etwa 45 Min. an einem warmen Ort gehen lassen, bis sich das Teigvolumen etwa verdoppelt hat. Ein Backblech fetten.

Teig auf einer bemehlten Arbeitsfläche kräftig durchkneten. Zu einer Rolle formen und in 12 gleich große Scheiben teilen. Mit bemehlten Händen daraus Kugeln drehen. Diese etwas flachdrücken und auf das Blech setzen. Zugedeckt etwa 30 Min. an einem warmen Ort gehen lassen. Den Backofen auf 220° vorheizen.

Brötchen im Ofen (Mitte, Umluft 200°) etwa 30 Min. hellbraun backen. Herausnehmen und abkühlen lassen. Roggenbrötchen sind perfekte »Unterlagen« für Deftiges wie Aufstriche mit Oliven, Kapern, Eiern oder Kräutern, passen aber auch zu milden Kräuter- und Käsecremes.

Englische Teebrötchen

Schnell • Im Bild

Zutaten für 10 Stück
250 g Mehl • 3 Teel. Backpulver • 1 gehäufter Eßl. Zucker • Salz • 50 g Butter • 2 Eier • 1 Eßl. Quark • 4–5 Eßl. Milch • Mehl zum Ausrollen • Backpapier für das Blech

Zeit: etwa 30 Minuten
Pro Stück etwa: 150 kcal

Mehl und Backpulver in eine Schüssel sieben und mit Zucker und 1 Prise Salz mischen. Butter in Flöckchen schneiden und mit der Mehlmischung krümelig kneten. 1 Ei, Quark und 3 Eßl. Milch glattrühren, zu den Teigkrümeln geben und zu einem geschmeidigen Teig kneten. Sollte der Teig zu fest sein, noch Milch tropfenweise in den Teig hineinarbeiten.

Backofen auf 220° vorheizen und ein Backblech mit Backpapier auslegen. Den Teig auf einer bemehlten Arbeitsfläche etwa 2 cm dick ausrollen und Kreise von 6–7 cm Durchmesser ausstechen. Die Teigkreise auf das Backblech legen. Die Eier verquirlen und die Brötchen damit bestreichen. Im Backofen (Mitte, Umluft 200°) etwa 15 Min. backen, bis die Teebrötchen goldgelb sind.

Tip
Noch warm mit Butter und Fruchtaufstrich servieren. Die Teebrötchen lassen sich sehr gut einfrieren.

Minibaguettes

Preiswert • Gelingt leicht

Zutaten für 6 Stück
500 g Mehl • 1 Tütchen Trockenhefe • 1 Teel. Zucker • 2 Teel. Salz • 40 g weiche Butter • Mehl für die Arbeitsfläche • Fett für das Backblech

Zeit: etwa 1 1/2 Stunden (davon 1 1/4 Stunden Ruhe- und Backzeit)
Pro Stück etwa: 335 kcal

Mehl in eine Schüssel sieben und mit Trockenhefe, Zucker und Salz mischen. 270 ml Wasser lauwarm erhitzen und mit der Butter zur Mehlmischung geben. Zu einem glatten und geschmeidigen Teig kneten, eventuell noch etwas Wasser unterarbeiten. Zugedeckt etwa 30 Min. an einem warmen Ort gehen lassen, bis sich das Teigvolumen verdoppelt hat. Ein Backblech einfetten.

Teig auf einer bemehlten Arbeitsfläche kräftig durchkneten, bis er geschmeidig ist. Zu einer Rolle formen und in 6 gleich große Sücke teilen. Teigstücke mit bemehlten Händen zu kleinen Rollen formen und auf das Backblech setzen. Jeden Teigling zweimal schräg einschneiden und mit Wasser einpinseln. Zugedeckt etwa 15 Min. an einem warmen Ort ruhen lassen.

Backofen auf 220° vorheizen. Ofenwände mit Wasser besprühen (Wasserzerstäuber) oder eine feuerfeste Schale mit kochendem Wasser auf den Boden des Backofens stellen. Baguettes im Ofen (Mitte, Umluft 200°) etwa 30 Min. backen, bis sie hellbraun sind. Vom Blech nehmen und auskühlen lassen.

Pittabrot

Gelingt leicht • Im Bild

Zutaten für 4 Fladen
300 g Weizenmehl (Type 405) • 200 g Weizenmehl (Type 1050) • 4 Teel. Trockenhefe (1 1/3 Tütchen) • 2 Teel. Salz • 2 Eßl. Olivenöl • 1 Eßl. Akazienhonig • Mehl zum Formen • Sesam- und schwarze Senfsamen zum Bestreuen • Backpapier für das Blech

Zeit: etwa 1 3/4 Stunden (davon 1 1/2 Stunden Ruhe- und Backzeit)
Pro Stück etwa: 485 kcal

Mehl, Trockenhefe und Salz in einer Schüssel mischen. Olivenöl, Akazienhonig und 300 ml lauwarmes Wasser dazugeben und alles zu einem glatten und geschmeidigen Teig kneten. Eventuell noch etwas Wasser unterarbeiten. Zugedeckt etwa 45 Min. an einem warmen Ort gehen lassen, bis sich das Teigvolumen verdoppelt hat.

Den Backofen auf 220° vorheizen. Teig auf einer bemehlten Arbeitsfläche kräftig durchkneten, bis er geschmeidig ist. In 4 gleich große Stücke teilen. Jedes Stück zu einem flachen Fladen mit etwa 15 cm Ø formen. Ein Backblech mit Backpapier auslegen und die Fladen darauf verteilen. Teiglinge mit Wasser bestreichen und mit Sesam und Senfsaat bestreuen. Pitta zugedeckt etwa 25 Min. an einem warmen Ort ruhen lassen.

Fladenbrote im Backofen (Mitte, Umluft 200°) etwa 20 Min. hellbraun backen. Ofenfrisch zu mediterranen Aufstrichen oder Salaten servieren. Pittabrot eignet sich zum Füllen, Dippen und Bestreichen.

Maisbrötchen

Spezialität aus Portugal • Braucht etwas Zeit

Zutaten für 8 Stück
125 g Maismehl • 1 Eßl. Olivenöl • 200 g Weizenmehl (Type 550) • 1 Päckchen Trockenhefe • 1 Teel. Salz • 1 Teel. Zucker • Weizenmehl für die Arbeitsfläche • Fett für das Backblech

Zeit: etwa 2 Stunden (davon 1 Stunde und 35 Minuten Ruhe- und Backzeit)
Pro Stück etwa: 150 kcal

Maismehl und Olivenöl in eine hitzebeständige Schüssel geben. 1/4 l kochendes Wasser unterrühren. Die Masse etwa 15 Min. auf Handtemperatur abkühlen lassen.

Weizenmehl, Hefe, Salz und Zucker in einer anderen Schüssel mischen, den Maisbrei dazugeben und alles zu einem glatten und geschmeidigen Teig kneten. Zugedeckt etwa 30 Min. an einem warmen Ort zum doppeltem Volumen gehen lassen.

Ein Backblech einfetten. Backofen auf 220° vorheizen. Den Teig auf einer bemehlten Arbeitsfläche geschmeidig kneten. Daraus 8 gleich große Brötchen formen und auf das Backblech setzen. An der Oberseite kreuzweise einschneiden und mit Wasser bestreichen. Abgedeckt etwa 20 Min. ruhen lassen.

Brötchen zunächst im Backofen (Mitte, Umluft 200°) etwa 15 Min. backen, dann etwa 15 Min. bei 190° (Umluft 170°) weiterbacken, bis sie goldbraun sind. Herausnehmen und abkühlen lassen. Dazu paßt gut Mexikanisches und alles scharf Gewürzte.

Dinkelbrötchen mit Hafer

Gelingt leicht • Preiswert

Zutaten für 10 Stück
400 g Dinkelmehl (Type 1050) • 200 g feine Haferflocken • 1 Teel. Vollrohrzucker • 1 gehäufter Teel. Salz • 4 Teel. Trockenhefe (1 1/3 Tütchen) • 20 g Butter in Flöckchen • 300 – 320 ml Milch • Fett für das Backblech • Mehl für die Arbeitsfläche

Zeit: etwa 1 Stunde 50 Minuten (davon 1 Stunde 35 Minuten Ruhe- und Backzeit)
Pro Stück etwa: 240 kcal

Dinkel, 100 g Haferflocken, Zucker, Salz und Hefe in einer Schüssel mischen. Butter mit der Milch in einem Topf handwarm erhitzen. Zur Mehlmischung geben und alles zu einem glatten, geschmeidigen Teig kneten. Abgedeckt an einem warmen Ort etwa 45 Min. zum doppeltem Volumen gehen lassen.

Ein Backblech einfetten. Teig auf einer bemehlten Arbeitsfläche kräftig durchkneten und zu 10 gleich großen, länglichen Brötchen formen. Die restlichen Haferflocken auf einem Teller verteilen. Brötchen mit Wasser einpinseln, in die Flocken stippen und auf das Backblech setzen. Zugedeckt etwa 20 Min. an einem warmen Ort ruhen lassen. Backofen auf 200° vorheizen.

Brötchen etwa 30 Min. backen (Mitte), bis sie hellbraun sind. Herausnehmen und abkühlen lassen. Dazu passen Käsecremes, süße Aufstriche (mit Butter) und mild-aromatische Beläge.

Hanfknäcke

Raffiniert • Im Bild

Zutaten für 15 Stück
400 g Vollkornmehl • 1 gehäufter Teel. Salz • 80 g Butter • 50 g Hanfsamen • Backpapier für das Blech

Zeit: etwa 1 Stunde (davon 50 Minuten Ruhe- und Backzeit)
Pro Stück etwa: 140 kcal

Mehl und Salz in einer Schüssel mischen. Butter in Flöckchen schneiden und mit 180 ml Wasser zur Mehlmischung geben. Die Zutaten mit den Händen zu einem glatten Teig verkneten. Falls der Teig zu fest wird, tropfenweise Wasser hineinarbeiten. Teigmasse zu einer Kugel formen und zugedeckt etwa 20 Min. ruhen lassen.

Backofen auf 180° vorheizen. Ein Backblech mit Backpapier auslegen. Ein Drittel der Hanfsamen auf die Mitte des Backblechs geben und den Teigkloß darauf legen. Mit Hilfe der restlichen Hanfsamen den Teig 3 – 4 mm dünn ausrollen, dabei die Hanfsamen möglichst gleichmäßig im Teig verteilen. Die Teigplatte mit einer Gabel mehrmals einstechen und mit einem Teigrädchen in 15 Rechtecke schneiden.

Im Backofen (Mitte, Umluft 160°) in etwa 20 Min. hellbraun backen. Etwa 10 Min. im ausgeschalteten Backofen ruhen lassen, herausnehmen und etwas abkühlen lassen. Die Knäckebrote voneinander lösen und trocken aufbewahren. Lecker zu Frischkäsecremes und herzhaften Aufstrichen.

Register

Impressum

Die Temperaturstufen bei Gasherden variieren von Hersteller zu Hersteller. Welche Stufe Ihres Herdes der jeweils angegebenen Temperatur entspricht, entnehmen Sie bitte der Gebrauchsanweisung

Redaktion: Christine Wehling
Lektorat: Adelheid Schmidt-Thomé
Layout und Typographie: Carsten Tschirner
Umschlaggestaltung: Claudia Fillmann, independent Medien Design
Fotos: H.-J. Beckers
Foodstyling: Stephan Fladung
Herstellung: Ina Hochbach, Verena Römer
Satz: Filmsatz Schröter GmbH, München
Reproduktion: Penta Repro, München
Druck: Appl, Wemding
Bindung: Großbuchbinderei Monheim

Elisabeth Schwarz entdeckte während ihres Studiums die Liebe zum Kochen durch einen Ferienjob. Bald studierte sie voller Leidenschaft Kochbücher und entfaltete ihre Kreativität am Herd. Seit 1990 ist sie professionell im Foodbereich tätig, u. a. als Leiterin eines Partyservice und als Produktentwicklerin für einen Naturkosthersteller.

Heinz-Josef Beckers studierte an der Universität Essen GH (Folkwang) Kommunikations-Design. Food-, Stillife- und experimentelle Fotografie zählen ebenso zu seinem Tätigkeitsfeld wie die konzeptionelle und grafische Arbeit.

ISBN 3-7742-1171-x

Auflage	5.	4.	3.	2.	1.
Jahr	03	02	01	2000	99

Dankeschön an:
Susanne Ott in Santa Christina für ihre Gastfreundschaft.

Das Original mit Garantie

Ihre Meinung ist uns wichtig. Deshalb möchten wir Ihre Kritik, gerne aber auch Ihr Lob erfahren. Um als führender Ratgeberverlag für Sie noch besser zu werden. Darum: schreiben Sie uns! Wir freuen uns auf Ihre Post und wünschen Ihnen viel Spaß mit Ihrem GU-Ratgeber.

Unsere Garantie: Sollte ein GU-Ratgeber einmal einen Fehler enthalten, schicken Sie uns das Buch mit einem kleinen Hinweis und der Quittung innerhalb von sechs Monaten nach dem Kauf zurück. Wir tauschen Ihnen den GU-Ratgeber gegen einen anderen zum gleichen oder ähnlichen Thema um.

Ihr Gräfe und Unzer Verlag
Redaktion Kochen
Postfach 860325
81630 München
Fax: 089/41981-113
e-mail:
leserservice@graefe-und-unzer.de

Deko-Ideen

Das Auge ißt bekanntlich mit, und schön Garniertes schmeckt gleich doppelt so gut. Ein paar frische Kräuter, etwas verstreuter Gewürzpuder, eine gut plazierte Walnußhälfte machen kaum Arbeit und peppen optisch beträchtlich auf. Grundsätzlich gilt: Eine Garnitur paßt zum Aufstrich, wenn sie als Zutat schon verwendet ist oder ihn harmonisch ergänzt. Und: Weniger ist mehr. Einzelne Farbtupfer wirken meist dekorativer als üppige »Garnitur-Landschaften«.

Welche Servierschalen?
Zunächst muß die Frage nach dem »Untendrunter« geklärt werden: Worin serviere ich den Brotaufstrich? Je nach Anlaß, Tischdekoration und Ihren Geschirrvorräten richten Sie in den passenden Servierschalen an: Souffléförmchen, Steinguttöpfchen, Trinkgläser, Glasschälchen, Suppentassen, tiefe Teller, Milchkaffeeschalen, Eierbecher, Butterschalen, kleine Einmachgläser mit Bügelverschluß ...

Schön sehen auch »pflanzliche Servierschalen« aus: knackige Salatblättchen, Zitronen- oder Orangenscheiben oder auch ausgehöhlte Tomaten, Paprikahälften und Gurkenschiffchen, die Sie auf Platten oder Tellern verteilen. Mit Hilfe einer Spritztüte werden dann die Aufstrichpasten aufdressiert und garniert.
Eine weitere Möglichkeit ist, das Brot bereits fertig belegt anzubieten: Stechen Sie aus getoasteten Brotscheiben Herzen, Sterne, Kreise oder andere Motive mit Ausstechformen aus und bestreichen diese.

Obendrauf
Ist der Aufschnitt in ein Gefäß plaziert, dann machen sich gehackte Kräuter, Sprossen, geröstete Mandelblättchen, Maiskörner, Kapern, halbierte und entkernte Weintrauben, Scheiben von Kirschtomaten, Kumquats, Oliven und gekochten Eiern, Paprikawürfel, Käsespäne

oder geraspelte Möhren obendrauf sehr gut. Ein Zestenschneider, auch Juliennereißer genannt, leistet hier gute Dienste: Er schneidet von Gemüsen wie Möhren, Rettich und Kohlrabi gleichmäßig dünne Streifen ab. Breitere Späne kann man mit dem Sparschäler schneiden. Das sieht besonders dekorativ bei Parmesan und anderen Hartkäsesorten aus.
Unerläßlich für den perfekten Schnitt – besonders bei Garnituren – ist ein scharfes Küchenmesser. Stumpfe Messer zerfasern und zerdrücken eher, als daß sie sauber und exakt schneiden.